거래 지능

미문사

거래 지능

2022년 1월 3일 초판 1쇄 발행

지은이 _ 이석원
펴낸이 _ 김종욱
편집주간 _ 선종규
디자인 _ 연일
교정·교열 _ 조은영
마케팅 _ 백인영, 송이솔
영업 _ 김진태, 이예지

주소 _ 경기도 파주시 회동길 325-22 세화빌딩
신고번호 제 382-2010-000016호
대표전화 _ 032-326-5036
내용문의 _ 전자우편 onleewon@naver.com
구입문의 _ 032-326-5036/010-6471-2550/070-8749-3550
팩스번호 _ 031-360-6376
전자우편 _ mimunsa@naver.com

ISBN 979-11-87812-27-2(03700)

BUSINESS INTELLIGENCE

거래 지능

상대방의 마음을 사로잡고
거래를 성공으로 이어 주는 6가지 핵심 지능!

이석원 지음

일상의 만남은 거래의 연속!
"거래 지능을 익혀 나만의 거래 가치를 높여라!"

타인과의
거래에서
성공하려는
당신을 위해

영업
마케팅에서
성공하려는
당신을 위해

미문사

4차 산업 혁명 시대의
강력한 생존 무기가 되는 사고법, 거래 지능

1. 지능화 시대에 더욱 중요해지는 지능의 힘

"코로나 이후는 지금과 완전히 다른 새로운 세계가 될 것이다."

유명 정치학자인 뉴욕대 이언 브레머Ian Bremmer 교수가 한 언론 인터뷰에서 한 말이다. 사람의 손이 필요하지 않은 자동화가 급속도로 진행되어 4차 산업 혁명의 일상화가 멀지 않았다는 의미다. 언택트 자동화로 인공 지능이 이끄는 디지털 콘택트Digital Contact 사회가 도래한다는 것이다.

이러한 현상은 오래전부터 진행되고 있었으며 코로나 팬데믹은 그 시기를 앞당기는 기폭제일 뿐이다. 이미 2016년 한국정보화진흥원은 자체 보고서를 통해 인공 지능, 로봇, 빅데이터 분석, 가상 현실 등 지능 기술이 급성장하여 누구나 아이디어만 있으면 지식과 능력으로 파괴적 비즈니스 모델을 만드는 지능화 시대의 혜택을 받을 수 있다고 천명한 바 있다.

인간의 지능이 지능 기술과 결합하여 더욱 강화된 지적 능력을 발휘하게 된다는 것이다. 한국정보화진흥원은 다양한 지능적 아이디어로 지능 기계와 협력하여 새로운 거래 가치를 창출하게 될 것으로 전망했다. 이제, 4차 산업 혁명기술과 코로나 등 다양한 요인으로 지능의 힘은 더욱 중요한 인간의 경쟁력으로 부상하는 시대를 맞이하게 되었다.

과거를 돌이켜보면 지능의 힘을 잘 활용한 인간은 지배적인 지위와 안정적 삶을 누리며 살았다. 호모 사피엔스가 힘과 덩치가 큰 네안데르탈인을 정복하고 인류의 조상이 된 이유도 협력과 언어를 잘 사용하는 지적 능력 때문이었다. 중세 봉건 시대에도 하인이나 하층 농민은 근력 노동을 담당한 반면, 지배 계층은 글을 읽고 쓰며 관리 감독하는 지적 영역을 독점하며 지위를 누렸다.

산업 혁명으로 기술과 문화가 발달한 시대에서도 이러한 경향은 지속되었다. 매사추세츠공대 에릭 브린욜프슨Erik Brynjolfsson 교수가 공저한 《제2의 기계 시대》에서는 제1~2차 산업 혁명을 제1의 기계 시대로 구분하고, 기계가 인간의 근력 노동을 대신하는 시기였다고 했다. 많은 사람이 근력 노동에서 해방되고 상대적으로 머리를 쓰는 서비스나 사무직에 종사하게 되었다. 이 상황에서도 근력 노동을 주로 하는 블루칼라보다 지적 노동을 하는 화이트칼라가 상대적으로 자산과 소득을 더 축적할 수 있었다.

3~4차 산업 혁명으로 대변되는 제2의 기계 시대에는 인간의 고유 능력인 인지적 영역까지 기계가 대신하는 단계로 발전하고 있다. 단순하고 반복적인 업무에 종사하는 일반 지식 근로자는 지능 기계로 대체될 것이다. 이제까지 화이트칼라로 살아왔던 지능으로는 더 이상 안정적인 재산과 소득을 보장받지 못한다는 의미이다. 세계적 행동주의 경제학자 제러미 리프킨Jeremy Rifkin은 그의 저서 《노동의 종말》에서 "기술의 발전에 따라 단순하고 반복적인 일자리는 보다 값싸고 효율 좋은 기계에 의해 점차 사라질 것" 이라고 주장했다.

특히 인공 지능의 발달은 전문직 지식 근로자의 일자리마저 잠식할 것이다. 2016년 다보스 세계 경제 포럼에서는 향후 500만 개의 일자리가 사라질 것이라 경고했으며, 세계적인 컨설팅 기업인 가트너는 2025년까지 일자리의 3분의 1이 지능형 기계로 대체될 것이라는 암울한 예상을 했다. 그리고 그러한 예측은 점차 현실이 되고 있다.

급속한 변혁의 시기, 사라져 가는 일자리 문제에 휩쓸리지 않고, 자신만의 거래 가치를 창출할 수 있는 능력을 갖추기 위해 깊은 고민이 필요할 때다. 여러 지식인이나 미래학자는 인공 지능과의 경쟁에서 살아남는 방안을 나름대로 제시하고 있다. "창의적이고, 학습 능력을 갖춘 인재형을 주문하거나, 공감 능력이나 기계와의 협업 능력, 더 나아가 문제를 해결하는 창조적 인지 능력을 갖추라!"고 입을 모은다. 이러한 제안의 기저에는 인간의 마지막 남은 경쟁 자원인 "지능의 힘을 극대화하라!"는 말과 다르지 않다.

2. 뉴노멀이 지배하는 지능화 시대의 생존 무기, '거래 지능'

지능화 시대에서도 거래 가치를 창출할 수 있어야 일자리에서 내몰리는 위기를 피할 수 있다. 안정적인 삶을 보장받기 위해 인간은 어디에 집중해야 하는가? 결론적으로 말하자면, 인공 지능을 극복하고 창의적 거래 가치를 만들어 내는 거래 지능에 주목해야 한다.

기술의 진보와 코로나 팬데믹은 비즈니스 방식을 크게 바꾸고 있다. 우선, 필요한 것을 주고받는 거래 형태의 변화다. 실물 경제에서 디지털(지능화) 경제로의 전환이 급속히 진행되고 있다. 시장이라는 물리적 장터에서 온라인이라는 가상 장터로 중심이 바뀌면서, 사람 간 만남 없이 가치나 만족을 기준으로 거래하는 디지털 생태계로의 전면적인 변화가 진행 중이다.

전통적인 생산 방식은 근력 노동이 중심이었다. 사냥을 통해 먹잇감을 얻거나, 농사를 통해 식량을 수확하는 노동이 그랬다. 이제 기술의 발전에 따라 노동을 기계가 대신하면서 근력 노동보다 정신 노동으로 대변되는 소프트웨어, 디지털 기술 기반의 비즈니스가 더 많은 거래 가치를 생산하기에 이르렀다.

이에 따라, 거래 가치를 만드는 가치 생산의 방식도 급변하고 있다. 한국정보화진흥원은 IT 미래 보고서에서 주요 생산 요소를 새롭게 정의했다. 과거 기업의 생산 3요소가 토지, 노동, 자본이라는 유형 자산이었다면, 지능화 시대에는 데이터, 알고리즘, AI와 같은 무형의 지능 자산이 중요해진다고 말했다.

이미 세계 최고의 기업 브랜드 Top 10에는 전통적 제조업체들을 찾아보기 힘들다. 아마존, 마이크로소프트, 페이스북, 구글 같은 온라인 서비스를 제공하는 기업이 점령하고 있다. 코로나 팬데믹 이후, 전통적 제조업체의 가치는 떨어지고 있는 반면, 디지털 기업의 가치는 더욱 치솟고 있다. 한 분석 자료에 의하면 아마존 CEO 제프 베조스Jeff Bezos는 코로나 팬데믹이 시작된 후 6개월 사이에 약 55조 원의 자산 가치를 늘렸으며, 온라인 서비스를 제공하는 디지털 기업 오너들의 자산 가치도 천문학적으로 증가했다고 발표했다. 투자 자본이 정신 노동에 의해 생산되는 거래 가치에 쏠리고 있는 것이다.

새롭고 창조적인 거래 가치를 만들고, 타인과 소통하면서 거래를 성사시키는 지적 능력을 거래 지능이라 한다. 거래 행위와 관련한 고차원적인 뇌지능이다. 부의 기준인 거래 가치를 높이기 위해서 거래 지능의 능력은 더한층 요구될 것이다. 사회 구성원으로 살아가는 인간은 태생적으로 거래 지능을 보유하고 있다. 굳이 아리스토텔레스의 말을 빌리지 않더라도, 인간은 사회적 동물이기 때문이다.

혼자인 인간은 사자의 먹잇감이지만, 다수의 인간은 사자뿐만 아니라 모든 동물을 지배하는 먹이 사슬의 최상위 지배자이다. 생존과 종족 번식을 위해서라도 인간은 사회를 구성하며 모여 살 수밖에 없다.

자연스럽게 서로에게 필요한 것을 교환하며 사회적 효율을 높여 왔다. 주고받는Give & Take 거래는 일상이자 삶이 되었다. 안정적 삶을 위해 필요한 것을 얻으려면 남에게 필요한 무엇인가를 가지고 있어야 했다.

이 때문에 개개인은 사회로부터 거래 가치의 생산 능력과 거래 기술을 요구받아 왔다. 자연스럽게 거래 지능이 사람의 본성으로 자리 잡게 되었고 인간을 거래 능통자로 만들었다.

거래 지능은 여섯 개의 뇌지능으로 구성된다. 일상의 다양한 거래 상황에서 작동하는 지능들이다. 우선, '잘 소통'하고, '새롭게 발굴'하고, '다르게 전달'할 수 있는 거래 지능이 있다. 이들 지능들은 내가 가지고 있는 자그마한 거래 가치를 남에게 제대로 전달하는 연결 지능, 모든 기업에서 원하는 새롭고 창조적인 거래 가치를 상상하고 현실화하는 예측 지능 그리고 사소한 장점이라도 드러내고 돋보이게 하는 차별화 지능이 그것이다. 이러한 지능이 잘 발달된 인재는 미래에도 우월한 경쟁력으로 다양한 기업으로부터 러브콜을 받게 될 것이다.

여기에 더하여, 핵심 메시지를 잘 활용할 줄 아는 함축 지능, 거래를 주도하기 위해 인간관계를 활용하는 관계 지능 그리고 어려운 상황에서도 반드시 거래를 성공시키려는 보호 지능이 있다. 이 책에서는 여섯 개의 거래 지능이 다양한 거래 상황에서 어떻게 작동하는지 원리를 알아보고, 성공적 거래를 위한 효과적인 지능 사고법을 논할 것이다.

아마존의 CEO 제프 베조스는 한 언론사와 다음과 같은 인터뷰를 했다.

"사람들로부터 '앞으로 10년 후 어떤 변화가 있겠느냐?'는 질문을 많이 받는다. 구태의연한 질문이다. '10년이 지나도 바뀌지 않을 게 무엇이냐는 질문은 왜 하지 않나?' 이것이 더 중요한 질문인데 말이다."

변화하는 트렌드를 따라가기보다 오랜 시간이 지나도 불변하는 대상이 중요하며 그것에 집중하는 전략을 세워야 한다는 말이다. 따라서 지능화 시대에 관심을 갖고 투자해야 할 대상은 10년, 아니 평생 변하지 않을 인간의 경쟁력이자 창조적 거래 능력을 가능케 하는 거래 지능일 것이다.

3. 급변하는 시기, 집중해야 할 거래 지능의 효율적 사고법

이 책의 주 내용은 거래 지능의 효율적 사고법이며 거래 지능을 구성하는 여섯 개의 뇌지능 활용법을 다룬다. 각각의 뇌지능별로 1부 현상, 2부 지능의 원리, 3부 활용 방안 등 세 개의 부분으로 나누어 설명한다.

특히, 2부 지능의 원리에서는 뇌지능의 기본 개념과 작동 방식을 소개함으로써 거래 지능이 어떤 이유로 그러한 작동을 하는지 원리를 알 수 있게 정리하였다.

4차 산업 혁명으로 촉발되는 지능화 시대는 앞날을 예측하기 어려운 급변의 시기이다. 매킨지 글로벌 연구소에 의하면 새로운 기술의 채택 기간이 급속도로 빨라지고 있다. 라디오가 발명되고 5천만 명까지 확산하는 기간은 38년이 걸렸다. 반면, 텔레비전은 13년, 인터넷은 불과 3년 만에 도달했으며, 포켓몬고는 고작 19일이 소요됐다. 이처럼 거래의 방식이 온라인화되고, 거래 가치가 개념화되는 지능화 시대에서는 급속한 경영 환경의 변화가 촉발되며 이에 대응하지 못하는 기업이나 개인은 생존하기 어렵다.

이럴 때일수록 고기 잡는 방법Know-how보다 고기 잡는 원리Know-why를 알아야 한다. 노하우Know-how는 과거의 경험, 행태를 기반으로 하는 지식인 반면, 노와이Know-why는 한 번도 가 보지 못한 길을 가야 할 때 필요한 지식이기 때문이다. 앞으로 시장은 우리가 한 번도 가 보지 못한 새로운 환경, 경제 질서와 기술이 펼쳐질 것이다. 어제의 경험이나 룰Rule로는 극복이 쉽지 않다. 매번 맞닥뜨리는 새로운 상황을 슬기롭게 대처할 수 있는 노와이의 기본 역량이 더 중요해지고 있다.

기본 원리 중심의 지식이라고 가볍게 생각해서는 안 된다. 각 지능의 기본 원리는 거래 문제에 있어서 해결책의 시작이자 끝이다. 단순 입문 지식이나 기초가 아닌 그 자체가 솔루션이 될 것이다. 거래의 속성을 제대로 알기 위해서는 거래 지능의 작동 원리를 알아야 한다. 거래의 주체가 인간이기에 거래의 속성은 거래 지능의 특성과 맞닿아 있다.

여섯 가지 거래 지능의 원리는 거래를 어떻게 제안해야 하고, 상대방은 어떤 반응을 보일지 예상하는 거래의 지침서가 될 것이다. 급변하고 어려운 시장 환경일수록 거래 지능의 기본 원리는 더욱 중요한 생존 무기다.

이스라엘의 유명한 역사학자 유발 하라리Yuval Noah Harari 교수는 자신의 저서 《사피엔스》에서 "기술은 이야기의 절반에 불과하다. 앞으로 사람들이 기술로 무엇을 할 것인지에 따라 모든 것이 결정된다."라고 했다. 생각하는 지능의 힘에 따라 나와 인류의 미래가 결정된다는 의미이다. 줄어들 일자리로 미래에 대해 모두가 불안해할 때, 지능화 시대의 핵심 인재로 거듭나는 비결을 간파함으로써, 흔들림 없이 당당하게 살아가야 할 것이다.

차 례

프롤
로그

4차 산업 혁명 시대의 강력한 생존 무기가 되는 사고법,

'거래 지능'   8

1. 지능화 시대에 더욱 중요해지는 지능의 힘   8

2. 뉴노멀이 지배하는 지능화 시대의 생존 무기, '거래 지능'   11

3. 급변하는 시기, 집중해야 할 거래 지능의 효율적 사고법   14

01

성공적 거래에 필요한 능력

1. 거래는 어떻게 이루어졌는가?   25

　# 인류 최초의 거래 능력자   25

　# 가늠할 수 없는 거래의 가치   27

2. 위기에 처한 거래, 무엇이 문제인가?   31

　# 영업에 대한 불편한 진실   31

　# 생존 가능성이 불투명한 현장 거래 담당자   33

3. 거래 방식의 혁신적 변화가 필요한 시대   36

    # 어제의 고객은 존재하지 않는다   36

    # 거래 관계의 변화, 고객 중력의 법칙   39

    # 상품이 아니라 가치를 팔아라.   42

4. 지능화 시대, 거래 지능의 원리를 익히고 활용하기   49

    # 신은 인간을 선택했고 인간은 지능을 선택했다.   49

    # 나는 지능적이다. 고로 거래한다.   52

    # 거래 지능의 작동 원리가 중요한 이유   56

02

거래 지능을 고도화하는 6가지 핵심 지능

1. 소통 능력을 길러 주는 '연결 지능'   63

    1-1. 아는 만큼만 보인다.   63

      # 판단의 차이가 발생하는 이유   63

      # 소통의 주파수를 찾는 방법   65

차 례

1-2. [원리] 효율적 소통을 위한 정보 연결의 본능　　　　69

　　# 신경 세포들의 연결이 생각을 만든다.　　　　69

　　# 알고 있는 것과 연결되어야 보인다.　　　　71

1-3. 거래에 능통해지는 소통 기술　　　　76

　　# 창조적 소통의 조건　　　　76

　　# 비유적 표현으로 제시하라.　　　　80

　　# 무엇이든 하루 30분, 21일만 반복하면 습관이 생긴다.　　　　83

2. 창조적 상상력을 부르는 '예측 지능'　　　　90

　2-1. 예측이 갖는 상상력의 힘　　　　90

　　# 상상이 위대한 이유는 곧 도래할 현실이기 때문이다.　　　　90

　　# 예측한 자와 그렇지 못한 자　　　　93

　2-2. [원리] 내 몸 안의 자동 예측 시스템　　　　96

　　# 우리가 상상하는 이유　　　　96

　2-3. 창조적 상상력을 거래로 현실화하는 방법　　　　101

　　# 고객 스스로 상상하고 즐기게 하라.　　　　101

　　# 창조적 상상을 현실화하는 세 가지 방법　　　　105

　　# 동사로 제시하라.　　　　112

3. 남과 다른 차이를 발견하는 '차별화 지능'   119

3-1. 거래의 일반적인 특징   119
세상 모든 것은 차별화가 가능하다.   119

3-2. [원리] 기억의 정보 처리 메커니즘   124
인간이 다름을 인식하는 방법   124

3-3. 극한 경쟁 상황에서도 경쟁 없이 이기는 방법   131
미세한 차이에서 시작되는 차별화   131
경쟁의 틀을 만드는 방법   135
자신이 아닌 고객을 봐야 하는 이유   140

4. 직관의 힘을 극대화하는 '함축 지능'   147

4-1. 거래에서 핵심 메시지가 갖는 효과   147
한 줄의 키워드, 하나의 핵심 이미지 효과   147

4-2. [원리] 뇌 속 연합 영역의 수렴 기능   152
지능적 최적화 능력(함축 지능)이 발달한 이유   152

4-3. 거래에서 핵심 메시지를 잘 활용하는 방법   158
상품이나 서비스에 이름을 붙이는 이유   158
먼저 핵심을 던지고 그다음에 보완하라.   163
똑똑한 한 놈으로 승패를 결정하라.   167

차 례

5. 협력을 이끌어내는 '관계 지능' 172

5-1. 사회 생활에서 중요한 관계 형성 172

업무 능력보다 더 중요한 요소 172

5-2. [원리] 상대방을 공감하는 능력, 거울 뉴런 178

인간은 어떻게 사회적 동물이 될 수 있었을까? 178

5-3. 성공적 거래를 위한 인간관계 활용의 법칙 184

인적 네트워크의 구축 및 활용 184

거래 성공의 공식= 가치 × 연결망 188

초연결 사회의 핵심 인재상 193

거래 관계를 새롭게 엮는 연결 고리 전략 199

6. 거래를 성공시키는 '보호 지능' 204

6-1. 어려움을 극복하고 성공한 사람들의 특징 204

인생을 성공으로 이끈 사람들의 비밀 204

6-2. [원리] 위기를 벗어나려는 인지 방어 시스템 208

손실 회피 본능을 자극하는 인지 방어 시스템 209

능동적 태도를 유도하는 인지 방어 시스템 212

인식을 차단하는 인지 방어 시스템 215

6-3. 거래에서 보호 지능을 효과적으로 사용하는 방법　219

　# 거래 상대방의 손실 회피 본능을 자극하라.　219

　# 어려움 속에서도 보호 지능이 창조케 하라.　224

　# 실패를 극복하는 간절함과 자존감을 발휘하라.　228

에필
로그

거래의 결과는 당사자 간 거래 지능의 총합이다.　233

1. 두 거물의 만남에서 거래 지능을 보다.　233

2. 거래 기술의 첫발을 내딛다.　239

3. 감사의 말 Special Thanks!　241

참고 문헌　242

연결 지능

보호 지능

예측 지능

관계 지능

함축 지능

차별화 지능

01

성공적
거래에
필요한 능력

1
거래는 어떻게 이루어졌는가?

인류 최초의 거래 능력자

성경에 인류의 조상 아담과 이브의 이야기가 나온다. 뱀의 꾐으로 이브가 사과를 먼저 먹는다. 신처럼 눈이 밝아져 선악을 구별할 줄 알게 되었다. 아담에게도 사과를 권한다. 한스 외르크 바우어Hans Jrg Bauer 박사는 그의 저서 《상거래의 역사》에서 그 사과를 이브의 선물로 소개한다. 이브는 아담에게 먹음직하고 보암직도 한 사과를 선물했다. 그 사과를 먹고 자신과 같이 눈이 밝아질 것을 권한다. 결국, 아담은 그 사과를 먹었고 거래는 성사되었다. 인류 최초의 거래는 이렇게 이루어졌다.

거래란 주고받고 사고파는 행위다. 매매하거나 돈을 주고받는 행위를 넘어 포괄적 경제 행위를 일컫는다. 경제 주체들 사이에 행해지는 모든 형태의 교환 행위가 거래이다.

교환이라는 거래 행위는 오래전부터 있었다. 인간이 무리 짓고 살 때부터다. 삶을 꾸려나가려면 많은 것이 필요하다. 한 사람이 모든 것을 생산해 낼 수 없다. 반면, 자신만이 손쉽게 가질 수 있는 것들이 있다. 이로 인해 각자는 필요 이상으로 소유하는 물건이 생긴다. 자연스럽게 자신에게 남는 것과 가지지 못한 다른 물건과 바꾸는 교환이 발생하게 됐다.

거래의 대상도 다양해졌다. 거래 초기, 교환의 대상은 물건이나 상품과 같은 물질적인 것이 대부분이었다. 기술 문명이 발달하고 삶의 방식이 복잡해지면서 거래 대상이 넓어졌다. 특히, 먹고 거주하는 삶의 기본이 풍족해지면서 성취와 만족감 같은 정신적인 측면이 부각되었다.

자연스럽게 서비스나 노동, 아이디어와 같은 무형의 대상이 거래의 중심이 됐다. 이는 거래의 개념이 일상화됐음을 의미한다. 일상생활에서 발생하는 개인의 욕구와 관련된 유무형의 대상 모두가 거래의 범위에 포함되었다.

예컨대 보상, 약속, 권리, 지위 등도 거래의 대상이다. 거래 당사자 입장에서 가치가 있다면 무형의 것까지도 거래한다. 이제는 가치라는 무형의 대상이 제품이라는 유형의 대상보다 중요한 거래 요소가 되고 있다. 상품의 소비도 결국 그 가치를 소비하는 것이다. 서로 간 의사를 교환하는 행위도 거래로 보게 되면서, 거래는 일상에서 끊임없이 이루어지는 현상이 되었다. 모든 인간은 매 순간 거래 활동하거나 그 영향을 주고받으며 살고 있다.

이브의 사과도 보이지 않는 인간 욕구가 요인이 되었다. 신과 같아지려는 인간의 욕심 말이다. 표면상 사과가 거래의 대상으로 사용됐을 뿐, 보이지 않는 욕구를 거래했다. 탐스러운 사과(유형)를 매개로 욕구(무형)를 거래한 것이다. 이브는 사과나무에서 가장 탐스럽고 먹음직스러운 것을 골랐다. 정성이 담긴 선물로 포장했다. 보이지 않는 거래 행위를 시각화했다. 그리고 아담에게 건넨다. 자신이 사랑하는 유일한 여성, 이브가 건넨 거래의 징표를 어떻게 거절할 수 있었겠는가! 이브는 신의 계명을 어겨야 이루어지는 값비싼 거래를 성사시키고야 만다. 이브야말로 대단한 거래 능력자였다.

가늠할 수 없는 거래의 가치

서양에 오래된 물물교환 놀이가 있다. 비거 앤 베터Bigger and Better라는 게임이다. 집집마다 돌아다니며 작은 물건을 더 크고Bigger, 더 좋은 Better 물건으로 교환하는 놀이다. 개인의 처지에 따라 동일한 물건이라도 그 필요도나 중요도가 서로 다르다. 어느 사람에게 중요한 물건은 다른 사람에겐 그다지 필요하지 않을 수 있다. 이런 상황 때문에 교환이 발생하게 되고 비거 앤 베터 게임이 작동한다.

이 게임을 제대로 활용한 청년이 있다. 캐나다 몬트리올에 사는 카일 맥도날드Kyle Macdonald 라는 젊은이다. 클립Paperclip 하나로 고가의 이층집을 만들어 내는 거래를 성사시켰기 때문이다. 클립은 종이를 고정할 때 쓰는 작은 문구 제품이다. 그 흔한 클립 하나로 내 집 마련의 꿈을 이룬 것이다. 도대체 어떻게 이런 일이 가능했던 것일까?

주인공 카일은 한때 아르바이트를 그만두고 여자 친구 집에 빌붙어 사는 궁핍한 백수였다. 이런 생활에서 벗어나고픈 생각에 늘 마음이 복잡했다. "집을 마련할 방법은 없을까?" 이런저런 방법을 궁리하던 중, 문득 떠오른 생각이 있었다. "어릴 적에 했던 비거 앤 베터 게임으로 집을 마련해 봐?" 얼토당토않은 생각은 절박한 상황을 잠시나마 잊게 했다. 허황한 생각이 그의 머릿속을 맴돌던 어느 날, 책상 위에 빨간 클립 하나가 눈에 들어왔다. "그래! 이것부터 시작해 보자." 그는 곧 물물 교환 사이트에 글을 올렸다.

"이 빨간 클립 한 개보다 더 크거나 더 나은 무언가를 가지신 분은 연락 바랍니다. 저는 이런 식의 거래를 통해서 집을 얻을 계획입니다."

황당한 거래 제안이 물물 교환 사이트 회원들에게 회자되면서 빨간 클립 한 개와 바꾸려는 메일이 도착하기 시작했다. 카일도 많은 사람의 관심에 놀라워하며, 블로그에 이러한 상황을 게재했다. 신청한 사람들의 관심 내용과 주고받은 메일 내용들이었다. 마침내 빨간 클립을 물고기 모양의 녹색 볼펜과 교환하는 첫 거래가 성사되었다.

거래가 성사되면서 더 많은 사람들로부터 관심을 끌기 시작했다. 물고기 볼펜을 자신의 물건과 바꾸자는 메일이 계속 접수되었다. 이런 식으로 물고기 볼펜이 캠핑 스토브와 교환되고 더 좋은 것과 거래되더니 어느덧 스노모빌과 교환하기에 이르렀다. 스노모빌은 스키가 부착되어 있는 설상차로 눈 위를 달릴 수 있는 스쿠터다. 작은 클립 하나가 어느덧 수천만 원에 이르는 스노모빌로 변신한 것이다. 거래가 계속 이어지면서 고급 여행권, 저택 1년 사용권, 영화 출연권으로 바뀌더니 마침내 커플링 지역에 위치한 2층짜리 집 한 채와 거래가 성사되기에 이른다. 이 모든 일이 1년 만에 이루어졌다.

거래는 상상을 뛰어넘는 놀라운 가치를 만들어 낸다. 보잘것없는 작은 클립 하나가 거대한 2층 주택으로 탈바꿈하는가 하면 일천한 기술력으로도 세계 최대의 선박 제조사를 설립하기도 한다.

"5만 분의 1 지도와 조선소 짓겠다는 백사장 사진을 들고 가서, 당신이 배를 사 주겠다는 증명을 해주면, 영국 정부의 차관을 얻어서 조선소를 지어서 당신의 배를 만들어 주겠으니 사라, 이런 이야기야!"

현대중공업의 TV CF에 나오는 정주영 회장의 강연 발언이다. 1970년대의 한국은 후진국이었다. 수십만 톤급 대형 선박의 제조는 첨단 기술을 가진 선진국의 전유물이었다. 그런데 선박 제조 기술도 자본력도 경험도 없는 후진국 한국에서 대형 선박을 제조하는 조선소를 건설하겠다는 야심 찬 꿈이 진행되고 있었다.

어렵사리, 영국 은행으로부터 구매자만 있다면 조선소를 지을 돈과 기술도 지원받을 수 있는 거래를 성사시켜 놓은 터였다. 이 정도의 거래 조건을 성사시킨 것만도 기적에 가까웠다. 이때부터 정 회장은 더욱 호기 있게 선주들을 대상으로 영업을 시작했다. TV CF의 내용은 이런 상황에서 잠재 구매자에게 던진 말이었다. 거래 조건을 파격적으로 내걸었다.

배의 가격은 물론 계약금까지 싸게 책정하고, 잔금도 선체 제작 공정에 따라 치르도록 했다. 더구나, 배를 약속 기한까지 만들지 못하면, 계약금에 이자를 배상하겠다는 조건도 제시했다. 선주 입장에서는 아주 유리한 조건이었다.

결국 그리스의 선박 회사로부터 유조선 2척을 수주받게 된다. 이를 근거로 영국 은행으로부터 차관 승인을 극적으로 따내면서, 오늘날 현대중공업이 탄생하게 되었다. 이를 기반으로 한국은 세계 제1의 조선업 선진국으로 성장하는 기틀을 마련하게 되었다.

거래는 놀라운 기회와 가치를 만들어 낸다. 보잘것없는 클립 하나, 백사장을 찍은 항공 사진 하나가 상상하기 힘든 가치로 변한다. '창조적 거래'가 만들어 낸 결과물이다. 직업이 없어 여자 친구 집에 얹혀살던 백수 청년이, 초등학교밖에 나오지 못한 실향민이 만들어 낸 거래의 기적이다.

세상 누구나 매일 무엇인가를 거래하며 살고 있다. 우리 모두의 지능에는 거래의 DNA가 존재한다. 평범함에서 새로운 것을 만들어 내는 창조적 거래 능력, 무한의 가치를 만드는 빅딜의 능력은 우리 모두의 지능에 잠재되어 있다. 이들을 제대로 깨워서 거래 능력자로 살아가야 할 것이다.

2
위기에 처한 거래, 무엇이 문제인가?

영업에 대한 불편한 진실

조선의 거상 임상옥의 일생을 다룬 장편 소설 '상도商道'의 한 대목이다.

"임상옥의 아버지 임봉핵은 중국어에 능통했으며, 만주어도 잘해서 사신 행렬에서는 우대를 받았다. 그는 네 번에 걸쳐 과거를 보았으나 자신의 선조가 비천한 상인 계급이라는 이유로 번번이 낙과하였다. 임봉핵은 평생 노력해도 보따리 장사꾼의 신세를 벗어날 수 없음을 깨닫고 실망한 나머지 술에 취해 압록강에 빠져 죽었다."

이 대목에서 상인이라는 직업의 위상을 알 수 있다. 조선 시대에는 유교 이데올로기 영향으로 상인을 장사치, 장사꾼으로 부르며 천한 직업으로 여겼다. 신분 계급을 표시하는 사농공상士農工商이라는 말에서도 알 수 있듯이 상인은 가장 낮은 직급에 속한다. 우리나라는 예로부터 글과 학문 연구를 우대하였고 양반들의 몫이었다. 양반들이 자주 하던 말 중에 "저 상것들 같으니라고!" 하는 말에서 '상것'은 '상인' 계급을 지칭한다.

이러한 인식은 오늘날에도 잔재로 남아 있다. 영업 분야를 전략적이기보다 몸으로 때우면 되는 단순 업무로 인식하는 경향이 있기 때문이다. 대학교의 커리큘럼도 경영이나 마케팅 관련 수업은 개설되어 있으나 영업 전문 수업은 드물거나 아예 없다. 영업과 관련한 체계적인 교육 프로그램이 부족하다. 학문이나 이론적으로 제대로 정리되지 못했고 상대적으로 인정받지 못하는 분야가 영업이다.

기업 내 조직의 상황은 어떨까? 회사 조직에서 중요한 부문 중 하나가 영업이다. CEO가 가장 관심 있어 하는 부서도 영업 부문이다. CEO 입장에서 회사의 수익과 평가에 가장 기여하기 때문이다. 그만큼 영업은 회사 경영에 중요한 역할을 한다.

그런데 막상 조직 내부의 현실은 다소 분위기가 다르다. 한 설문 조사는 CEO의 마음과는 다른 결과를 보여 준다. 직장인을 대상으로 가장 가고 싶은 부서를 묻는 설문에서, 1위로 경영기획부서(37.4%)가 뽑혔다. 핵심 부서이고 힘이 있는 조직이기 때문이다. 영업 부서의 선호도는 아쉽게도 꼴찌다. 고작 8%만이 영업직을 선택했다. 영업은 실적으로 평가받기에 공과가 확실하다는 장점에도 불구하고 영업 현장 선호도는 여전히 낮다.

오래전부터 이어진 영업에 대한 부정적 인식, 단순한 영업의 역할과 기능, 부족한 교육 프로그램 등은 급변하는 시장 환경에서 영업이 제대로 대응하기 힘든 구조이다. 기존의 판매와 영업 방식으로는 생존이 어려운 지능화 시대에 와 있다. 현장 거래 조직에 대한 불편한 시선을 걷어 내고, 새로운 차원에서 판매와 영업의 역할과 원리를 재정비해야 한다. 변화가 필요하고 그것이 생존을 위한 것이라면 지금 당장 바로 해야 하지 않겠는가!

생존 가능성이 불투명한 현장 거래 담당자

로봇 전시장을 방문했을 때의 광경이다. 사람의 도움 없이 자율 주행 물류 로봇이 적재물을 알아서 이송하고, 현장 근로자를 대신해서 로봇 팔이 박스를 접고, 물품을 적재적소에 갖다 놓는다. 스마트 지게차 운전석에도 운전자는 없었다. 사람을 대신하는 다양한 로봇들이 선택을 기다리며 열심히 움직이고 있었다. 이러한 자동화는 모든 산업으로 확산되고 있다.

오랜만에 중앙도서관에 갔다가 식당에 들렀다. 식당 입구로 들어서면 보여야 할 식권 판매소가 보이지 않았다. 식권 판매소 아주머니도 없었다. 대신 식권 판매 키오스크들이 옆 벽면을 채우고 있었다. 몇 번의 터치로 식권 한 매가 "윙 ~" 소리를 내며 나온다. 별 불편함이 없다. 이미 현장 일자리는 기계가 대체하고 있었다. 식권 판매소 아주머니의 미소를 더는 볼 수 없게 되었다.

아디다스의 스피드 팩토리Speed Factory에서 선보이고 있는 기술을 예로 보자. 인터넷으로 신발 사이즈는 물론 색상과 디자인, 깔창이나 뒷굽, 신발 끈까지 고객이 결정할 수 있다. 제품을 주문하면 약 48시간 내에 집으로 배송해 준다. 시스템이 사람을 대신하고, 고객과 커뮤니케이션하며 생산과 판매까지 담당한다. 사람이 자르고 꿰매며 얼굴을 맞대고 판매하는 전통적인 생산·판매 방식이 변화한다는 신호다. 생산직 근로자가 없어지고 거래 담당자도 낄 틈이 없다. 스피드 팩토리가 경영상 이유로 더는 운영되지 않지만, 소수의 스태프가 생산에서 판매까지 일부만 관여하는 생산·판매 환경의 미래를 보여 주었다.

국내 편의점에서 무인 점포를 표방한 편의점을 오픈했다. 점원이 없다. 고객이 다가가면 진열대 문이 열린다. 제품을 바구니에 담고 선택한 물건을 계산대에 올려놓는다. 360도 인식이 가능한 바코드 기기가 결제 대금을 자동으로 계산한다. 결제 내역은 모니터로 볼 수 있다. 고객은 카드로 결제하면 된다. 편의점주는 판매 사원 걱정이 없으니 24시간 운영도 부담 없다. 패스트푸드점은 오래전부터 무인 오더기를 도입해서 효율 경영을 해오고 있다. 코로나 팬데믹과 맞물려 무인 주유소, 무인 매표소, 무인 주차장 등 무인 거래가 더 확산할 것이다. 대면 응대를 위한 영업직이나 현장 직원을 둘 이유가 없다. 다양한 일자리가 이런저런 이유로 점차 사라지고 있다.

금융 분야도 다르지 않다. 인터넷이나 모바일로 고객을 유치하게 되면서 영업 조직의 운영 전략이 급변하고 있다. 보험 회사가 그렇다. 인터넷에서 고객이 원하는 보장을 입력하기만 하면 가장 적합한 상품을 추천해 준다. 설계사나 영업 조직만이 보험 계약을 따오던 시대는 과거의 일이다. 영업 조직을 활용하면 유치와 관리 비용이 많이 든다. 효율 측면에서 회사가 어떤 전략을 채택할지 짐작하기 어렵지 않다. 보험 영업 사원의 자리 보전이 쉽지 않은 이유다.

은행권의 변화는 더욱 크다. 새롭게 론칭한 인터넷 은행들은 점포나 불필요한 인력을 최소화하고 있다. 카카오 뱅크의 경우 사업 초기, 직원이 300여 명 수준에 불과했다. 점포도 없다. 인터넷과 모바일이 고객 대면 주요 채널이다. 그럼에도 불구하고 론칭 13일 만에 200만 계좌를 돌파하고 대출은 7,000억 원이 넘었다. 기존 은행들의 평균 직원 수는 약 1만 명, 점포 수는 약 1,000여 개 수준이다. 인터넷 은행과 비교하면 과한 비용 구조다. 일반 은행의 영업 조직은 축소가 불가피하다. 은행들의 인력 조정과 점포 축소 뉴스가 이어지고 있다. 명예 퇴직으로 인력을 감축했다는 기사도 심심찮게 보인다. 한 외국계 은행의 경우 현장 점포를 50%까지 축소했다.

옥스퍼드대학교 칼 베네딕트 프레이Carl Benedikt Frey 교수는 한 신문사 인터뷰에서 "코로나 바이러스가 자동화를 가속화할 것 같다."고 했다. 그는 이미 미국 노동 시장 일자리의 47%가 향후 20년 이내에 인공지능AI에 의해 자동화될 것이라 예상했다. 현장의 단순 노동자와 거래 담당자가 이러한 시대적 흐름을 막을 방법은 없다. 소용돌이의 중심에 거래 담당자들이 불안하게 서 있다.

3
거래 방식의 혁신적 변화가 필요한 시대

어제의 고객은 존재하지 않는다.

영업의 절대적 존재는 고객이다. 판매 사원은 고객의 성향, 니즈를 잘 파악할수록 제품을 더 팔 수 있다. 왕 같은 고객이 행여나 다른 거래처로 가버리면 낭패다. 고객의 반응에 촉각을 세우며 응대하는 이유다. 영업은 고객에 살고 고객에 죽는다. 그런 고객이 변하고 있다. 그들의 마음뿐만 아니라 위상도 변했다. 고객을 응대해야 하는 판매 사원도 달라질 수밖에 없다.

고객을 소비자라고 한다. 소비자는 기업이 제공하는 상품을 소비하는 주체다. 기업이 만들어 놓은 제품을 단순히 소비하는 자를 일컬었다. 피동적인 대상자였으며, 어제의 소비자다. 그러던 소비자가 변했다. 기업이 제공하는 대로 군소리 없이 이용하는 자에서, 자신의 목소리를 적극적으로 어필하는 자가 되었다. 고객의 입장이나 생각이 중요한 생산 요소로 대두되었다. 이제는 소비자를 프로슈머Prosumer라고 한다. 생산자를 뜻하는 Producer와 소비자를 뜻하는 Consumer의 합성어다. 필요한 것을 골라 소비하는 자이자 생산 과정에 영향을 미치는 존재가 되었기 때문이다.

이미 30년 전, 미국의 미래 학자 존 나이스비트John Naisbitt는 그의 저서《메가트렌드》에서 "향후 경제는 공업(산업) 사회에서 정보화 사회로 발전하고, 소비자 운동을 통해 소비자 의견이 중요한 시대가 될 것이다." 라고 말한 바 있다. 그의 말대로 지금은 이미 소비자 중심 시대가 되었다. 시장 환경이 생산자에서 소비자 중심으로, 판매자에서 고객 중심으로 바뀌었다. 대표적인 변화가 생산 단계부터 소비자의 참여다. 기업은 제품을 만들 때 소비자의 요구 사항을 적극적으로 반영하려 한다. 건설업체들이 그렇다. 아파트를 지을 때 주부 평가단의 의견을 반영하여 놀이터나 조경을 만든다. 입주 고객의 니즈에 따라 아파트 옵션도 정해진다.

스타벅스도 예외는 아니다. 일반적인 마케팅 믹스 전략인 4P에 People을 추가하여 5P라는 개념을 만들었다. 4P는 제품 중심의 전략이다. 여기에 '사람'을 추가하여 '수요 창출'의 핵심을 '사람'에서 찾고자 했다. '마이스타벅스아이디어닷컴'도 개설했다. 소비자들의 참신한 아이디어를 수집하고 엄선하여 제품과 서비스에 반영하고 있다. 예를 들면, 커피가 묽어지지 않도록 얼음을 커피로 만든다거나, 까다로운 메뉴

주문자 때문에 줄이 길어지는 것을 막기 위해 아메리카노 전용 라인을 만들기도 했다. 고객의 다양한 아이디어가 실제 업무에 반영되고 있다. 이제 고객은 단순히 소비만 하지 않는다. 자신이 원하는 것을 설계하는 생산자를 겸한다. 앞서 설명한 아디다스의 스피드 팩토리나 맞춤형 주문 생산 방식은 고객 자신이 기획하고 소비하는 시대를 예고하는 사례이다.

여기에 사회 관계망, 디지털 환경도 주목해야 한다. 가족과 영화를 보러 외출했을 때의 일이다. 어떤 영화를 볼지는 다른 사람의 영화 후기를 참고한다. 관람 영화를 결정하고 영화 예약에 들어간다. 영화를 보고 난 후 주위에 맛집을 찾아본다. 소비자들이 올린 블로그 맛집 후기가 긴요하게 도움이 된다. 여러 블로그에서 호평받은 한정식 식당에서 식사하기로 했다. 마침, 영화관 건물에 마트도 있어 장도 보게 됐다. 아이 엄마는 지역 주부들이 회원인 카페에서 추천한 물건을 사야 한다고 했다. 그 사이트는 이 지역 엄마들이 믿고 찾는 커뮤니티다. 가만히 생각하니, 그날 하루는 다른 소비자들이 전하는 정보에 의지하며 지낸 것 같다.

영화 ≪히말라야≫는 관객들이 자발적으로 홍보에 참여한 경우다. 홍보 포스터에는 주연 배우 황정민의 얼굴이 크게 나온다. 히말라야에서 찍은 듯한 얼굴 사진에는 수염과 눈썹에 얼음이 서려 있다. 관객들은 이 포스터를 가면처럼 만들어 썼다. 양치하면서, 음료를 마시며 일상의 여러 상황을 연출했다. 그런 장면을 인증샷으로 만들어 SNS에

올렸다. 이러한 행동은 붐을 일으키며 영화 홍보에 큰 도움을 줬다. 관객 스스로 기획하고 모델이 되어 영화를 홍보한 경우다.

고객에 의한, 고객을 위한 고객의 소리에 집중하고 신뢰하는 시대가 된 것이다. 그렇다 보니 생활 정보는 기업이 아니라 소비자들을 통해 얻으려 한다. 나와 같은 처지인 사람들이 말하는 내용을 듣고 판단하려는 경향이 강해졌다. 이전의 소비자들은 정보를 받아 보는 수용자였다. 그러나 개인 미디어가 발달하면서 이젠 정보를 생성하는 주체가 되고 있다. 스마트폰과 페이스북 같은 사회관계망SNS, 블로그, 카페 등이 활성화되면서 개인은 자신의 의견이나 경험을 적극적으로 표현하고 있다. 더 나아가 고객이 미디어의 역할까지 하는 시대다. 팟방이나 유튜브, 아프리카TV 등 개인 방송을 통해서다.

고객이 변했다. 변해도 아주 많이 변했다. 정보 통신의 발달로 거래 관계에서 고객의 역할이 확대되었다. 제품을 소비하는 입장에서 제품을 기획하고, 더 나아가 홍보하는 일까지 담당하기에 이르렀다. 달라진 고객만큼 현장의 영업도 변해야 한다. 저만치 앞서가는 소비자에게 외면 당하지 않으려면 더 적극적으로 변해야 한다.

거래 관계의 변화, 고객 중력의 법칙

모든 물체 사이에는 서로 끌어당기는 힘이 존재한다. 이 힘이 중력重力이다. 그런데 거래 관계에서도 끌어당기는 힘이 존재한다. 고객은 좋은 제품을 싸게 구매하려 하고, 판매 사원은 제값 받고 많이 팔길 원한다. 고객과 판매 사원(제품) 양자 간에 팽팽한 긴장감이 존재한다. 서로를 끌어당겨 차지하려 한다. 그런데 팽팽하던 균형이 깨졌다. 고객이 당기는 힘, 즉 구매력이 더 강해졌다. 디지털 기술의 발달로 거래 관계에 변화가 생겼기 때문이다.

아버지 세대만 해도 물건은 시장에서 샀다. 그 당시에 물건은 주로 상인들이 팔았고 상품 정보도 상인으로부터 얻었다. 상품을 사기 위해서는 판매 담당자들에게 많이 의지하던 시기였다. 자연스레 상인의 힘이 셀 수밖에 없었다. 세월이 지나 TV 매체가 등장하고, 신문이나 잡지를 통해 상품의 정보를 얻게 되었다. 이때에도 여전히 전문적인 상품 정보나 혜택 안내는 판매 담당자의 몫이었다.

이제 인터넷 시대를 거쳐 모바일 시대가 되었다. 기술이 발달하면서 제품이나 서비스가 평준화되고 있다. 히트 상품이 나오면 얼마 지나지 않아 경쟁 회사들이 유사 제품을 쏟아 낸다. 수많은 제조사가 상품을 만들고 정보를 생성한다. 모두가 자신의 제품이 최고라고 외쳐 댄다.

이렇다 보니 제조사의 말, 판매 담당자의 권유를 100% 신뢰하지 못하게 됐다. 더구나 개인 고객들도 다양한 채널을 통해 자신의 경험을 공유할 수 있게 되었다. 소비자들의 경험 정보가 넘쳐난다. 자신의 처지와 같은 다른 소비자의 추천 정보에 귀 기울이게 되었다.

이제는 상업적이지 않은 소비자 의견을 더 신뢰한다. 소비자들의 사용 경험을 찾아다닌다. 판매 담당자에게 상품 정보를 들어야 하는 시대는 지났다. 검색을 통해 제품 정보를 찾고, 고객의 사용 후기, 블로그, 카페로부터 유용한 정보를 얻는다. 영업 정보의 비대칭성이 파괴된 것이다. 현장 판매 담당자는 자칫 상품 정보 제공 능력에서조차 고객에게 밀릴 수 있다. 거래의 역할을 인터넷이나 모바일에게 점차 뺏기고 있는 상황이다.

　이러한 현상은 제품을 고객 곁으로 더 다가서게 하고 있다. 디지털 기술의 발달은 소비자 중력에 힘을 더해 줬다. 과거에는 생활용품을 구매하기 위해 가게나 마트, 시장으로 고객이 직접 움직여야 했다. 이제는 집에서 클릭만 하면 물건이 배달된다. 고객이 움직일 필요가 없다. 제품이 고객에게 다가오고 있기 때문이다.

　영화나 음악 같은 콘텐츠는 더 명확하다. 과거에 영화는 극장에서 봐야 하는 서비스였다. 개봉 당시에 못 봤다면, 비디오 가게로 가서 테이프를 대여해야 했다. 영화를 찾아 고객이 움직이던 시기다. 지금은 언제, 어디서나 영화를 볼 수 있는 시대가 됐다. 영화가 고객에게 밀착됐다. 대표 주자가 넷플릭스Netflix다. 스트리밍 서비스를 통해 언제 어디서나 보고 싶은 영화나 드라마를 제공한다. 창업 초기에는 DVD를 인터넷으로 대여하는 방식으로 시장에 돌풍을 일으켰으며, 동영상 스트리밍(실시간 재생) 방식으로 재편하면서 고객에게 더욱 밀착했다. 여기에 개인 맞춤형 콘텐츠를 제공해 줌으로써 필요한 고객에게 정확히 다가간다. 넷플릭스에 의한 고객 중력의 법칙은 강했다. 고객의 눈앞으로 영화관이 옮겨지고 있다. 음악 시장은 어떤가? 그 옛날, 음악을 듣기 위해서는 음반 가게에 가서 테이프나 앨범을 사야 했지만, 모바일이 보편화되면서 언제 어디서나 음악을 감상할 수 있게 되었다. 고객 귓가로 음악이 다가온 것이다.

고객 중력의 법칙은 전 산업 분야에 걸쳐 진행되고 있다. 교통 시장도 예외는 아니다. 카카오 택시나 우버로 인해 더는 택시 정거장이나 도로변까지 나가지 않아도 된다. 택시가 고객의 집 앞까지 찾아오기 때문이다. 시력이 나쁜 사람들도 안경 가게에 갈 필요가 없다. 와비파커 Warby Farker가 등장해서다. 안경을 배달하는 회사인데, 인터넷으로 안경을 고르면 5개의 견본품을 집으로 배송한다. 직접 안경을 써 보고 마음에 드는 안경을 결정한다. 시력과 눈 사이 거리 등 세부 견적을 인터넷에 입력한다. 약 1~2주 뒤에 해당 안경이 고객의 집으로 배달된다. 더구나 오프라인 안경 가게보다 매우 저렴하니 고객은 기쁠 수밖에 없다. 와비파커는 안경을 고객의 코앞으로 가져다주었다.

고객에게 더 다가가고 고객 곁으로 찾아가는 서비스는 더욱 늘어날 것이다. 자동차를 수리해야 할 경우, 가구에 **문제가** 생겼을 경우, 일반 공공 행정 서비스도 마찬가지다. 주민등록 등본도 더는 동사무소까지 가지 않아도 된다. '고객에게 찾아가고 다가가는 상품과 서비스만이 살아남는 시대'가 되고 있다. 상품과 서비스가 고객을 향해 전력 질주 중이다.

#상품이 아니라 가치를 팔아라.

"고객을 만나자마자 상품을 권하거나 자료와 통계로 설득시키려 하지 말라."

《콘셉트 세일즈》의 저자 맹재원 소장의 말이다. 그는 상품에만 집중하지 말고 상품이 제공하는 가치를 팔라고 주문한다. 고객의 문제를 해결하는 제안, 고객의 혜택에 집중하는 영업 스킬이 중요하다는 의미다. 이를 위해 고객의 생각에 초점을 맞추고 고객이 어떤 점에 공감하는지 생각의 흐름에 따라야 한다고 말한다.

고객의 마음에 초점을 맞춰야 하는 이유는 명확하다. 소비자는 만족을 얻기 위해 상품이나 서비스를 구매한다. 그리고 그 만족은 고객의 마음, 즉 고객의 지능에서 이루어지기 때문이다. 뇌지능이 실제로 느끼고 판단한다. 상품의 객관적 품질이나 서비스의 우수성보다 이를 받아들이는 고객의 상태, 니즈, 판단이 구매에 결정적 역할을 한다. 고객 입장에서 고객 스스로 생각할 수 있도록 설명이나 내용이 재정리되어야 하는 이유다.

수입차 10년 연속 판매왕을 기록한 신동일 이사는 자동차 딜러의 직업을 이렇게 소개한다.

"세일즈맨은 물건을 파는 사람이 아니라 신뢰를 얻는 사람이다."

고객이 신뢰했다는 의미는 원하는 혜택을 충족시켜 줄 것이라는 믿음이 생겼다는 말이다. 판매 사원에 따라 제품이 달라지지는 않는다. 신 이사가 취급하는 '자동차'도 그렇다. 자동차 디자인이나 성능은 딜러나 대리점에 따라 다르지 않다. 제품은 정형화되어 있다. 가격이나 부가 혜택과 A/S 등 부가적인 서비스에서 제품 혜택의 차이가 난다. 비정형적인 서비스에 의해 혜택이 달라진다. 이 때문에 고객이 느끼는 감정이나 인식에 따라 제품 구입 여부가 결정될 가능성이 크다. 따라서 거래 행위는 고객이 가진 여러 불신을 하나씩 격퇴하는 전쟁을 치르면서 신뢰라는 고지를 점령하기 위한 고도의 심리전이라 할 수 있다.

마케팅의 대부 필립 코틀러Philip Kotler는 '시장market'을 정의하면서 고객의 마음관리, 콘셉트의 중요함을 강조했다. 자신의 저서 《마켓 3.0》을 통해 시대별 시장의 특징을 정의했다. 마켓 1.0은 제품 중심의 시대라 했다. 상품을 대량으로 생산하여 높은 마진으로 많이 파는 시대였다. 매스 마케팅 전략이 대표적이다. 마켓 2.0은 정보화 기술이 발달한 시대를 말한다. 소비자들은 IT 기술을 바탕으로 다양한 정보를 획득하면서 구매를 결정할 수 있는 환경을 갖게 되었다. 고객이 중심이 되는 고객 주권 시대가 온 것이다. 이때부터 영업이나 마케팅은 소비자들의 니즈를 맞추기 위해 동분서주해야 했다. 마켓 3.0 시대는 가치가 주도하는 시대라 보았다. 이때는 더 세련되고 복잡해진 형태의 인간 중심 시대다. 거래 담당자들은 고객의 감정이나 영성까지 고려하며 마케팅을 전개해야 하고, 고객의 니즈를 넘어 창의적인 거래 가치를 발굴해야 한다. 인간의 본원적 니즈를 찾아 더 적극적으로 시장을 개발하라는 주문이다.

[표 1] 사회 발전 단계별 시장의 특징

	1.0시장 (제품 중심)	2.0시장 (소비자 중심)	3.0 시장 (인간 중심)	4.0 시장 (하이터치/지능화)
핵심 콘셉트	제품 개발	차별화	가치 주도	연결/융합
동 인	산업 혁명	정보화 기술	뉴 웨이브 기술	4차 혁명 /디지털 기술 심화

필립 코틀러가 최근에 저술한 마켓 4.0에서는 가치 중심의 시장으로 더욱 심화된다고 했다. 이전 시장은 상품이나 고객이라는 물리적 대상이 중요했다. 마켓 3.0 이후에는 개념적이고 인지적인 것이 중심이 된다. 디지털 거래 환경이 더욱 심화되기 때문이다. 상품의 브랜드, 감성, 혜택 등 보이지 않는 가치를 높이는 거래 환경을 고려해야 한다. 고객이 브랜드를 인지하고, 이를 충성스럽게 옹호하는 인지 관리 기술이 중요해질 수밖에 없다. 이 때문에 디지털 거래 환경의 심화는 더욱 인간적이고 융합적이며 다방면으로 연결되는 거래 환경을 촉진시킬 것이다.

필립 코틀러는 사회가 고도화되고 복잡해질수록 물질적 이슈는 점차 정신적 이슈로 변화될 것이라 했다. 이러한 견해는 세계적인 미래학자 다니엘 핑크Daniel Pink도 동의하고 있다. 인간 사회는 정보화 시대에서 창조적 능력, 공감하는 능력, 감성이 중시되는 개념의 시대High Conceptual Age로 이동해 간다고 주장했다. 원시 시대의 인간 사회는 사냥 실력이 중요했었다. 이후 농부를 거쳐 근육을 잘 쓰는 블루칼라 노동자 시대가 지나고 좌뇌형인 화이트칼라로 발전해 왔다. 앞으로는 예술, 감성이 중시되는 우뇌형 인간이 주도한다는 것이다. 바야흐로 개념의 시대, 지능화 시대가 도래했음을 여러 전문가가 말해 주고 있다.

마케팅 분야에서는 이미 오래전부터 인식에 관심을 두었는데 대표적 인물로 잭 트라우트Jack Trout를 들 수 있다. 세계적인 전략가로 포지셔닝 개념을 대중화한 인물이다. 그는 마케팅이 "제품의 싸움이 아니라 인식의 싸움이며, 마케팅은 그런 인식을 다루는 일련의 과정이다."라고 주장했다. 고객에게 제품을 파는 행위는 제품의 **문제가** 아니라 소비자의 인식에 어떻게 자리매김하느냐의 문제라는 것이다.

국내 마케팅 전문가 김훈철 대표도 마케팅은 두뇌 속에 일어나는 인식의 싸움이라고 정의했다. 김 대표는 "원래 상품에 대한 객관적인 실체란 없다. 모든 진실은 상대적이다."라고 말한다. 상품의 실체도 결국엔 지각을 통해 이해해야 하는 '인식의 문제'로 본 것이다. 볼 수 있고 만질 수 있어도 고객이 인식하지 못한다면 상품의 가치를 알 수 없다는 의미다. 상품의 실체는 지각할 때, 비로소 실현되기 때문이라는 것이다. 그런데 그 지각은 사람마다 다르며 다른 사람들의 생각과 융합해서 발생하게 된다. 실질적이지 못하다는 말이다. 결국, 거래 행위는 제품의 싸움이 아니라, 우리 두뇌에서 발생하는 인식과의 싸움일 수 밖에 없다는 것이다.

멘토링 세일즈 아카데미 이정훈 원장은 그의 저서 《10억의 세일즈 강의》를 통해 '고객의 혜택에 집중한 설명의 영향력'에 대한 사례를 소개하며 원포인트 레슨을 했다. 제2차 세계대전이 한창일 때다. 미국 정부는 국가 차원에서 유족들을 관리하기 위해 예산을 투입하여 군인 보험 제도를 만든다. 납입 보험료는 월 6~7달러로 저렴하지만, 전사 시 1만 달러를 유족이 받을 수 있는 상품이었다. 그런데 가입률이 저조했다. 그날도 전장에 나갈 병사들이 소집되었고, 젊은 중위가 보험 가입의 필요성을 역설했다. 역시 대부분 신병은 가입 의사를 밝히지 않았다. 그때 옆에서 묵묵히 지켜보던 특무 상사가 단상에 올라섰다. 그는 우렁찬 목소리로 말했다.

"너희들은 곧 총탄이 빗발치는 전장으로 가게 된다. 만약, 보험에 가입한 후 죽으면 정부가 1만 달러를 가족에게 보상해 줄 것이다. 보험 없이 죽으면 당연히 정부는 아무것도 해주지 않는다!"

특무 상사는 병사들을 둘러보며 의미심장한 질문을 던진다.

"정부는 어떤 병사를 최전방으로 먼저 보내게 될까? 죽으면 1만 달러의 비용이 드는 병사일까? 아니면 죽어도 돈 한 푼 들지 않는 병사일까!"

이 말을 들은 병사들은 앞다퉈 보험 신청서에 서명하고 전장에 나갔다고 한다. 특무 상사가 보험 상품의 세부 내용을 제대로 알기나 했을까? 다른 것은 몰라도 그는 병사의 입장에서 혜택을 명확히 알고 있었다. 그리고 보험 상품에 집중한 것이 아니라, 병사들이 받을 수 있는 혜택의 가치를 전달했다. 병사의 인식에 초점을 맞췄던 것이다. 그것이 비록 그들의 두려움을 자극하는 내용일지라도 말이다.

기술의 발전과 생활 환경이 나아질수록 '제품'이라는 실체보다 '만족' 이라는 정신적 사안이 구매 결정의 중요 요소로 작용한다. 예컨대 전쟁통이나 기근으로 먹고살기가 힘든 시기일 때는 찬밥 더운밥을 가리지 않는다. 그저 배를 채울 수만 있어도 감사하다. 보리밥만 먹다가 하얀

쌀밥이면 최고의 식사라고 감동한다. 기술이 발달하면서 공급 과잉의 시대가 되었다. 먹을 것이 풍부해졌다. 쌀밥이면 된다고 생각하는 사람은 드물다. 쌀밥이라는 물질보다 내가 만족할 수 있는 욕구가 중요해졌다. 건강을 챙기는 사람은 오히려 보리밥을 챙겨 먹는다. 다이어트가 필요한 사람은 밥보다 채소다. 어떤 사람은 "밥은 돌솥밥이야!"라며 만들어 먹는 방법을 중요하게 생각한다. 생활 환경이 풍족해지면서 사람의 판단 기준은 물질에서 정신적 만족으로 더욱 기울어지고 있다. 따라서 거래의 중심을 상품이 아닌 고객의 마음에 둬야 한다.

상품이나 서비스를 이해하는 주체는 고객이다. 좀 더 정확히 말하면 고객의 마음, 고객의 지능이다. 현실을 이해하는 주체도 고객의 마음이요, 지능이 담당한다. 같은 제품이라도 혜택이나 가치를 다르게 느낄 수 있다. 이제 제품의 판매는 실체보다는 콘셉트의 문제가 되었다. 제대로 팔기 위해서 상품의 이해는 기본이요 고객의 마음, 즉 지능의 작동 원리에 대해서도 제대로 알아야만 한다.

4
지능화 시대, 거래 지능의 원리를 익히고 활용하기

신은 인간을 선택했고 인간은 지능을 선택했다.

지구에는 무수한 생명체가 존재한다. 이 생명체 가운데 인간은 먹이 사슬의 최정상에 올랐다. 만물의 영장이 된 것이다. 아마도 신이 인간을 선택했기 때문이리라. 그렇다면 선택받은 인간은 무수한 인류 역사를 거치며 결정적으로 선택한 능력은 무엇일까? 원시 시대로 거슬러 가 보자. 당시 원시 열대우림에는 먹을 것이 풍부했다. 손만 뻗으면 양식을 바로바로 얻을 수 있던 때다. 그럭저럭 풍족한 삶을 누리고 있었다.

그런데 변화가 생겼다. 빙하기가 찾아온 것이다. 파라다이스가 사라졌다. 주위가 황량한 초원 지대로 변했다. 먹고살기 위한 식량 자원이 귀해졌다. 생존을 위한 움직임이 본격적으로 시작됐다. 식량을 구하기 위해 이전보다 더 멀리, 여러 지역으로 사냥을 다녀야 했기 때문이다. 마음의 원리를 이야기한 《브레인 룰스》는 그 당시 인류가 하루 평균 20km 정도를 움직여야 했다고 말한다. 먹을 것이 귀한 상황에서는 어쩔 수 없었다.

활동량이 많아진 인간에게 필요한 능력이 있었다. 많아진 활동량을 효율적으로 관리할 수 있어야 했다. 이를 위해 인류가 선택한 능력이 인지 능력의 강화였다. 필요한 능력이 많았을 텐데 왜 인지 능력이었을까? 강력한 근육이나 특정 신체의 발달이 더 중요하지 않았을까? 잘 움직이기 위해서는 몸의 근육을 강화하거나, 빨리 달릴 수 있는 튼튼한 다리나 힘센 팔이 더 필요했을 텐데 말이다.

아쉽지만, 인류는 다른 동물에 비해 턱없이 나약한 신체 조건을 가지고 있다. 당시 호랑이과 포식자는 약 400kg이 되는 몸집에 30cm의 긴 송곳니를 가지고 사냥감을 공격할 수 있었다. 폭군 공룡 티라노사우르스의 이빨과 맞먹는 크기다. 또 다른 맹수 표범은 시속 70~80km의 빠른 스피드로 먹잇감을 포획할 수 있다. 인간이 아무리 근력 운동으로 신체를 강화한들 힘으로나 스피드로 이들을 당해낼 수 없었을 것이다.

주위의 포식자들을 극복하기 위한 다른 차원의 능력이 절실했다. 신체 기관의 능력은 포식자에 비해 절대적 열위다. 정해진 조건이다. 남다른 해법이 필요했다. 결국 생각해 낸 묘수가 두뇌 기관을 효율적으로 사용하기였다. 생각하는 능력을 발달시키는 것이었다. 상대적으로 나약한 신체이지만 효과적으로 사용한다면 힘과 크기만을 앞세운 포식자를 적절히 대응할 수 있을 테니 말이다.

다양한 공격 도구를 사용한다거나 위험한 상황을 예측해서 숨을 곳을 미리 알아보고, 무리 지어 단체로 대응하는 등 신체적 한계를 극복할 수 있는 머리 쓰는 능력이 중요하다는 것을 깨달은 것이다.

뇌지능의 기본 역할은 신체 기관을 효율적으로 움직이고 대처하기이다. 이는 자연스럽게 미리 계획하고 생각한 후 움직이는 능력을 강화했다. 혼자 활동할 때와 무리 지을 때의 행동이 달라야 한다. 서로 다른 상황에서 가장 효율적으로 대처하도록 총괄하는 컨트롤타워 역할이 필요했다. 그 기능을 뇌지능이 담당하게 된다. 크지만 아둔한 포식자보다 더 효율적인 움직임을 가지려면 매 순간 지능적으로 움직여야 한다. 생각한 후 움직여야 한다는 것이다. 이 때문에 찰나이지만 걷는 행동조차도 매 순간 지능이 관여하여 쉬지 않고 조율하게 된 것이다.

뇌지능은 인간의 사고 능력이다. 문제를 인식하고 창의적으로 해결하는 지적 능력을 말한다. 모든 인간이 갖는 보편적 인지 능력이다. 문제에 봉착했을 때 뇌지능은 문제의 심각성이나 영향을 순간적으로 판단한다. 그리고 모의 가설을 세운다. 대책을 고민하는 것이다. 가설 세우기는 창의적인 뇌지능의 특기다. 이를 통해 가장 적절한 대안을 도출하고, 곧 행동으로 옮긴다. 인지 능력의 강화는 인간이 선택한 가장 탁월한 결정이었다.

나는 지능적이다. 고로 거래한다.

우리는 왜 거래를 하는가? 앞서 언급한 거래는 인간이 사회적 동물이고, 내가 필요한 것을 얻기 위한 필수 불가결한 행위라는 관점이었다. 이번에는 거래 발생의 원인을 뇌 지능의 본성 측면에서 살펴보려한다.

점잖은 노신사가 정신과 의사에게 간절한 마음으로 말한다.

"제 아내가 다시 예전의 모습으로 돌아왔으면 좋겠습니다."

신사의 부인은 파킨슨병을 앓고 있었다. 뇌가 퇴행하면서 신경 세포가 점진적으로 죽어가는 병이다. 신경 세포가 사멸하기 때문에 그 사람이 가진 기억이나 신념이 조금씩 변한다. 그녀는 더 이상 예전의 그가아니다. 노신사와 같이 살던 이전의 부인과는 많이 달라져 있었다. 우리 몸의 작은 부분인 '뇌'라는 곳에 문제가 생기면 '다른 사람'이 된다. 팔을 다치거나 다리가 부러져도 사람이 변했다고 하지 않는데 뇌지능에 변화가 생기면 사람이 변했다고 한다. 인간은 '지능 그 자체'이기 때문이다.

19세기 중엽, 피니어스 게이지Pineas Gage는 철도 건설 현장의 발파 작업반장으로 근무했다. 어느 날 터널 속 바위에 화약을 장착하던 중 폭발 사고가 났다. 이때 쇠막대기가 튕기면서 게이지의 왼쪽 광대뼈와 앞머리를 관통했다. 이 사고로 두개골의 상당 부분과 왼쪽 대뇌 전두엽이심각하게 손상되었다.

다행히 말하고 듣고 보는 감각 기능과 운동 기능에는 지장이 없었다. 주위 사람들은 기적이라며 기뻐했다. 그런데 문제는 다른 곳에 있었다. 그의 행동이나 성격이 이전과는 판이해져 있었기 때문이다. 사고 이후 변덕이 심해졌고 엉뚱한 의사 결정을 내리거나, 상스러운 욕을 내뱉는 등 다른 사람처럼 행동했다. 사람이 변한 것이다. 얼마 안 되어 건설 현장에서도 부적응으로 퇴사하고 말았다.

신경 해부학 서적 《인간 뇌 해부도 입문》의 저자 존 핀엘John P. Pinel 교수는 우리의 정체성을 이렇게 말한다.

"보고 느끼고 생각하고 행동하게 하는 모든 것이 우리 뇌의 활동에서 나오기 때문에 뇌(지능) 그 자체가 우리이다."

철학자 데카르트Rene Descartes는 "나는 생각한다. 고로 존재한다."고 했다. '나'라는 정체성은 내 사고의 결과라는 의미다. 우리는 자신이 생각하는 방식으로 말하고 행동하고 상상하고 느낀다. 그러므로 나의 실체는 뇌지능 작동의 결과이다. 뇌지능 상태가 나를 나타내고 대표한다.

이번에 살펴보려는 내용은 거래 행위의 발생 이유 중 하나가 바로 '나'인 '뇌지능' 때문이며, 뇌지능이 신체 기관의 효율적 움직임을 추구하기 때문에 거래 행위가 발생했다는 관점에 대해서이다. 그 이유를 살펴보면 이렇다.

뇌지능은 나를 대표하고 있다. 일관성 있게 나를 표현하고 행동하기 위해서 뇌는 신체의 모든 기관을 조율하며 관장해야 했다. 이러한 일을 실시간으로 처리하고 있다. 그러다 보니 많은 양의 에너지를 사용한다.

무게가 신체의 2%밖에 안 되는 뇌가 전체 에너지의 20%를 사용할 정도다. 뇌는 에너지 과소비 기관이다. 뇌(신경 세포)에 에너지가 원활하게 공급되어야 지능 자신도 왕성한 활동과 신체 전체를 잘 관제할 수 있다. 이 때문에 에너지를 확보하고 배분하는 작업은 지능의 입장에서는 매우 중요한 사안이다.

내과 의사이자 뇌과학자인 아힘 페터스Achim Peters는 그의 저서《이기적인 뇌》에서 이런 주장을 한다.

"뇌는 최고의 에너지 소비자이자 통제자이며, 뇌가 가장 중요하게 생각하는 것은 신경 세포의 (에너지 차원에서) 안정이다."

태생적으로 에너지가 많이 필요한 뇌지능은 에너지 공급에 집착이 강할 수밖에 없다. 이 때문에 식량을 구하기 위해 수십km를 사냥하고, 뙤약볕에서 농사짓고 가축을 기르며 끊임없이 몸을 움직이고 있다. 이 모든 행동은 지능의 에너지 소비 집착 때문이라고 말할 수 있다.

앞서 언급하였던 효율적인 움직임도 효율적인 에너지 소비를 위해서다. 예컨대 식사를 막 끝낸 상황을 생각해 보자. 음식을 소화하기 위해서 위의 활동량은 증가할 수밖에 없다. 이때, 지능은 다른 신체 기관을 통제한다. 급격한 움직임이나 심장 박동수조차 제어한다. 되도록 위쪽으로 에너지가 배분되도록 조절하기 위함이다. 제한적인 에너지를 효율적으로 사용하려는 노력이다. 통제가 잘 될수록 생존 가능성은 그만큼 커진다.

뇌지능은 신경 세포로 에너지를 보내기 위해서 놀라운 결정도 서슴지 않는다. 예컨대, 절대적으로 에너지가 부족한 상황에 처한 경우, 자신을 파먹는 결정도 내릴 정도다. 실제로 동굴에서 실종되었다가 35일 만에 극적으로 구조된 장 루크 조슈아트Jean Luc Josuat는 구조 당시 20kg 의 지방과 근육이 소모되었다. 에너지를 외부에서 얻지 못하고 굶주림 상태가 지속되자, 조슈아트의 지능은 자신의 지방과 단백질을 갉아먹 는 결정을 내린 것이다. 그 결정 덕에 그의 뇌는 멀쩡할 수 있었다. 미국 영양학회 회장이었던 데이비드 허버David Herber 박사는 지방과 근육을 우선적으로 소모했던 이유를 "뇌에 필요한 영양분을 만들기 위한 행 동"이라고 말했다.

아프리카의 굶주린 아이들은 몸에 비해 머리가 크다. 아이들의 신체 나 장기는 정상 기준과 비교하여 40%나 말라 있었다. 그러나 뇌는 약 2% 내외로 차이 날 뿐이다. 이 또한 뇌지능이 자신을 보호하기 위한 판 단의 결과이다.

이처럼 효율적으로 에너지를 소비하도록 설계된 뇌지능은 거래 행 위를 유발하는 원인으로 작용한다. 필요한 물품이나 식량을 손쉽게 획 득하는 방법도 효율적 에너지 소비 행위이기 때문이다. 예컨대, 바닷가 어부는 생선을 쉽게 잡을 수 있어도, 숲속 사슴을 사냥하기엔 서툴다.

에너지가 많이 소비된다. 이때 자신이 잡은 생선을 사냥꾼의 사슴 고 기로 교환한다면 에너지 소비를 극적으로 줄일 수 있다. 생존에 더 유 리하다. 자연스럽게 지능은 거래를 독려하게 된다. 손쉽게 식량을 확보 하는 거래 행위야말로 에너지를 아끼며 생존 가능성을 높이는 '가장 효 율적인 움직임'이기 때문이다.

지능은 나를 대표하고, 더 나아가 나의 생존까지 책임진다. 지능의 입장에서 자신의 근원인 '뇌'로 가는 영양분 공급은 최우선 과제일 수밖에 없다. 지능은 에너지 사용을 최소화하는 행위(움직임)에 집착한다. 이 때문에 효율적인 움직임과 에너지원의 공급은 긴밀하게 엮여 있다. 결국, 거래는 에너지원을 효율적으로 관리하려는 생존 차원의 전략에서 탄생한 결과물이다. 지능이 신체를 지배하고 나를 대표하는 이상, 거래는 끊임없이 발생할 수밖에 없는 삶의 일부이다.

거래 지능의 작동 원리가 중요한 이유

경영 환경이 급변하는 불확실한 시대일수록 기본기가 더욱 요구된다. 《기본에 미쳐라》의 저자 강상구 소장은 "기본기가 부족하면 어려운 상황에 처했을 때, 곧 한계에 부딪히게 된다."라고 했다. 변화와 경쟁으로 불확실성이 더 커지는 지능화 시대에도 거래 가치를 만들어 내면서 경쟁력 있는 사회 구성원으로서 살아남기 위해서는 거래 지능의 기본 원리를 습득하는 일이 그래서 중요하다.

과거부터 부의 축적 기준은 거래 가치를 누가 많이 소유했느냐에 달렸다. 시대에 따라 거래 가치는 계속 변해 왔다. 원시 수렵 사회에는 사냥을 잘하는 인류가 부를 누렸고, 농경 사회에서는 농사를 많이 짓고 곡물을 많이 소유한 자들이 부를 누렸다. 매사추세츠공대 에릭 브린욜프슨Erik Brynjolfsson 교수가 1~2차 산업 혁명을 총칭하여 부른 제1의 기계 시대에는 거대 공장을 소유하고 상품을 많이 생산하는 자들이 부를 축적했다.

3~4차 산업 혁명으로 대변되는 제2의 기계 시대에는 또 한 번 거래 가치 생산 방식의 변화가 진행되고 있다. 한국정보화진흥원이 지능화 시대를 선포한 가운데 인공 지능, 디지털 기술 등으로 산업 환경이 급변하고 있기 때문이다.

 거래 가치의 중심이 제조 물품 같은 유형 자산에서 서비스나 노동, 아이디어 같은 무형 자산으로 옮겨 가고 있다. 딜로이트 컨설팅 김경준 부회장도 신문의 한 기고문에서 과거 기업의 생산 3대 요소가 토지, 노동, 자본이었다면, 디지털화가 고도화되는 시대에는 기술, 지식, 브랜드와 같은 무형 자산이 중요해진다고 말했다. 현실은 증강 현실이 대신하고, 실물은 가상 상품으로 대체된다. 물질적 대상이 아닌 정신적 현상이 삶의 중심으로 자리 잡게 된다. 코로나 팬데믹은 비대면을 촉진하면서 생각이 주도하는 시대, 지능이 중심이 되는 지능화 시대를 더욱 앞당길 **촉매제가** 되고 있다.

 투자와 부의 방향도 무형 자산으로 쏠리고 있다. 글로벌 시장 조사 업체인 칸타르가 뽑은 2020년 세계 최고의 기업 브랜드 가치 Top 10에는 디지털 기술을 기반으로 한 온라인 서비스 기업들이 차지했다. 더구나 1위인 아마존 한 곳의 브랜드 가치 증가액이 Top 10 기업 전체의 30%를 차지할 정도로 급성장했다. 이제 Top 10 기업 리스트에서 전통 제조 업체는 찾아보기 힘들어졌다.

 아마존, 구글, 마이크로소프트, 페이스북 등 이미 성장한 온라인 서비스 업체만 잘나가고 있는 것이 아니다. 새롭게 부상하는 유니콘 기업들의 면면도 온라인 서비스 업체가 대부분이다. 물리적인 호텔이나 빌라를 소유하지 않은 에어비앤비가 세계 최대의 숙박 서비스를 제공하고 있고, 자신의 자동차나 택시가 없는 우버나 카카오가 택시 서비스를 제공한다. 식당이나 카페를 소유하지 않고도 세계 최대의 식당을 꿈꾸는 외식 중개 스타트업 달리셔스Dalicious도 온라인 서비스 업체다. 물리적 형태가 아니어도 거래 가치를 제공할 수 있다면 기업의 가치가 올라가고, 경쟁력을 갖춘 기업이 되고 있다. 이에 따라, 일반 기업들도 앞다투어 무형의 거래 가치를 핵심 제품으로 내놓고 있다. 레고는 블록이 아닌 상상력을 판다고 강조하고 있으며, 기업의 가치가 48조에 달하는 가구 제조업체인 이케아마저 "가구가 아닌 가치를 파는 기업"을 표방하면서 '불편'을 사라고 당당하게 말하고 있다.

지능화 시대에는 인공 지능을 장착한 기계가 보편화되면서 생산성과 효율은 더욱 개선될 것으로 기대된다. 이와 더불어, 인간의 노동은 물리적 상품이나 제품을 생산하는 용도로는 더 이상 경쟁력이 없어질 것이다. 앞으로 인간의 근력과 단순한 지적 노동의 수요는 더욱 줄어들 것으로 예측된다. 일자리가 부족해지리라는 우려가 커질 수밖에 없다.

반면, 인간이 계속해서 거래 가치를 창출할 수 있는 분야는 무형의 거래 가치가 될 것이며, 이때 필요한 능력이 거래 지능이다. 인류를 먹이 사슬 최상위자로 우뚝 서게 한 원동력이 지능이었고, 인공 지능이 일상화된 지능화 시대에서도 인간다운 차별적 경쟁력은 여전히 지능을 통해 나올 것이다. 이 때문에 거래 지능의 능력이 부를 축적하는 데 이전보다 더 중요한 수단이 될 수밖에 없다.

디지털 기술이 기반이 되는 지능화 시대에는 경영 환경이 급변하고 경쟁이 더욱 심화되는 시기이다. 경제와 사회의 미래 트렌드를 예측한 책《미래의 속도》에서는 라디오가 발명되고 5천만 명까지 확산하는 기간은 38년 걸렸으나, 포켓몬고는 약 19일이 소요되었다고 한다. 디지털 혁신에 따른 변화의 속도는 산업 혁명보다 10배 이상 빠르고, 규모는 300배 이상 클 것으로 예상하기도 한다.

이처럼 시장이 빠르게 변하고, 경쟁이 격화되고 어려울수록 변화에 능동적으로 대응하고, 거래 가치를 적극적으로 개척할 수 있는 기초 체력이 더 중요해진다. 단순한 입문 지식이나 초보적인 능력이 아닌, 새롭고 다양한 거래 상황에서 해결책을 찾을 수 있는 성공적 거래 지침으로 거래의 기본 원리를 익히고 활용할 수 있어야 한다.

성공적 거래 능력에 대한 비법을 알고 싶은가? 그렇다면 경영 철학자 짐 론Jim Rohn의 권면을 새겨 볼 만하다.

"성공은 마법도 신비도 아니다. 성공은 지속적으로 기본을 행한 자연스러운 결과다."

산 위 정상에 오른 사람들의 발자취를 따라가 보면, 어느 날 갑자기 정상에 우뚝 선 사람은 없다. 정상을 향해 무던하게 내디딘 발걸음이 만들어 낸 결과이다. 거래 지능의 여섯 가지 핵심 지능을 의식적으로 자각하고 활용하는 행동을 더해 가다 보면 언젠가는 성공적인 거래가 결과물로 나타날 것이다. 거래 지능에 관심을 갖고 기본 원리를 익히며 거래 능력자로 거듭나는 자신을 발견하기를 기대해 본다.

02

거래 지능을
고도화하는
6가지 핵심 지능

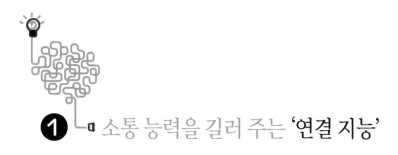

① 소통 능력을 길러 주는 '연결 지능'

1-1. 아는 만큼만 보인다.

판단의 차이가 발생하는 이유

"인간은 아는 만큼 느낄 뿐이며 느낀 만큼 보인다."

전 문화재청장이자 미술사학자 유홍준 석좌 교수가 《나의 문화유산 답사기》에서 한 말이다. 예술적 가치는 그 나름의 경험과 지식 없이는 잘 찾아내기 어렵다는 의미다. 이는 예술 분야에만 적용되는 얘기가 아니다. 인간은 자신이 이미 알고 있는 지식을 바탕으로 이해하고 판단하려는 경향이 강하기 때문이다. 이는 우리 뇌지능 속에 작동하는 연결 지능의 특성에 기인한다.

연결 지능은 새로운 정보나 환경에 접했을 때, 기존의 지식과 경험에 연결하여 지각하고 인식하려는 지능을 말한다. 어떤 상황을 이해할 때 작동하는 기본 지능이며, 각자가 알고 있는 어떤 지식과 연결되느냐에 따라 우리의 생각은 다르게 나타난다. 따라서 한 개인의 기존 정치, 문화, 생활의 경험과 지식은 어떤 대상을 인지하는 데 큰 영향을 미친다.

디즈니 만화 영화 《포카혼타스》에도 이와 관련된 장면이 나온다. 이 영화는 17세기 아메리카 신대륙을 발견할 당시를 배경으로 하는 원주민 추장의 딸, 포카혼타스에 관한 이야기이다. 어느 날 그녀는 자신의 미래를 자문하기 위해 나무 정령(요정)인 버드나무 할머니를 찾는다. 정령과 이런저런 대화를 나누던 중에 포카혼타스는 무엇인가를 보게 된다. 버드나무 정령은 그녀에게 "무엇을 보고 있느냐?"고 묻는다. 그녀는 좀더 높은 곳으로 올라가서, 그녀가 본 것을 얘기한다. "구름이에요, 이상한 구름이 보여요." 그녀가 말하는 이상한 구름은 거대한 배의 일부였다. 황금을 캐기 위해 아메리카 신대륙을 찾아 나선 범선으로, 그 이상한 구름은 바로 범선의 돛이었다. 범선의 하얀 돛을 보고 구름이라고 생각한 것이다.

바람을 품은 서너 개의 돛은 불룩한 모양을 하고 있었고, 그녀에게는 마치 뭉게구름의 모습처럼 보였다. 왜 그녀는 돛을 구름이라고 생각했을까? 원주민인 포카혼타스는 태어나서 그토록 큰 배를 본 적도, 들은 적도 없었다. 그녀의 기억에는 그 범선을 인식할 기존 정보가 전혀 없었다. 반면, 하얗고 커다란 흰 구름은 그녀가 살면서 늘 봐 왔던 익숙한 기억이다. 그녀의 연결 지능이 익숙한 기억과 연결해서 돛을 구름으로 인식하도록 작동했던 것이다.

연결 지능은 동일 사안에 대해 사람마다 다른 의견을 갖게 하는 이유가 되고 있다. 아프리카 신발 시장 조사 이야기를 들어보자. 신발 공장 사장은 두 명의 직원을 시장 조사 목적으로 아프리카에 파견했는데, 첫 번째 파견 직원은 "시장 가능성 없음, 신발을 신고 있는 사람이 없기 때문"이라고 보고한 반면, 다른 직원은 "시장이 무궁무진함, 신발을 신어 본 사람이 없기 때문"이라고 보고했다. 이처럼, 동일 사안에 대해 서로 다른 입장은 물론이고, 정반대의 생각까지 존재한다.

생각의 차이가 발생하는 이유는 한 사람의 생각이 그 사람의 관심, 경험, 처한 환경으로 형성된 지능 상태에서 결정되기 때문이다. 지능의 상태는 생각을 낳고 행동으로 발현된다. 어떤 사건에 대한 판단은 팩트나 본질도 중요하지만, 그것을 판단하는 사람들에 의해 주로 결정된다. 연결 지능이 한 사람의 지식과 경험에 어떻게 연결되느냐에 따라 생각과 판단이 달라진다.

소통의 주파수를 찾는 방법

우리가 흔히 "주파수를 맞춘다."라는 말을 한다. 라디오를 제대로 듣기 위해서는 주파수가 맞아야 한다. 고객과 소통도 마찬가지다. 거래 상황마다 판매사원은 고객에 대한 채널 조정을 하게 된다. 고객의 의도를 잘 파악해야 상품을 팔 수 있다. 채널 조정은 고객의 경험과 습관,

기존 정보의 파악을 통해서 이루어진다. 고객의 상태에 주파수를 잘 맞춰야 잡음 없는 소통이 가능하다. 이때, 고객의 상태나 정보를 파악하려는 '연결 지능'이 작동하게 된다.

고객 파악을 통해 거래 관계를 개선하려는 기술은 마케팅에서 중요하게 다뤄지고 있다. 마케팅은 고객의 마음에 상품을 차별화하는 행위다. 이를 포지셔닝이라고 한다. 모든 기업은 고객의 마음속에 자신의 상품을 포지셔닝하여 더 많이 팔기를 원한다. 이를 위해 시장의 기존 경험이나 정보, 습성 등 트렌드를 파악한다.

마케팅 전략가 잭 트라우트Jack Trout는 그의 저서 《포지셔닝》에서 이렇게 말하고 있다.

"포지셔닝은 무엇인가 새로운 것을 만들어 내는 것이 아니다. 이미 마인드에 들어 있는 것을 조작하고 기존의 연결 고리를 다시 엮어 주는 것이다."

포지셔닝은 고객에게 익숙한 정보를 활용하여 차별화하는 작업이다. 고객의 기존 지식이나 경험을 섞고 조합하여, 기업이 원하는 의도를 고객 마인드에 안착시키는 행위이다. 오늘날과 같은 제품 과잉 시대에 필요한 전략이며, 치열한 경쟁 환경일수록 더욱 활용해야 할 전략이다. 신상품을 출시할 때도 마찬가지다. 최근에 출시된 상품이어서 세상 어느 것과 비교할 대상이 없을지라도 포지셔닝은 필요하다. 비교할 만한 대상을 만들어서라도 신상품의 특징을 풀어내고 차별점을 고객의 마음속에 새겨 넣어야 하기 때문이다.

《차별화의 법칙》을 저술한 홍성준 교수는 "고객이 대안을 고를 때 자신의 인식을 바탕으로 상대와 비교하며 결정한다."고 말한다. 그러면서 고객의 마음속에 존재하는 대안을 조금만 바꾸어도 마케팅 성과를 낼 수 있다고 강조한다. 고객이 가진 기존 생각을 바탕으로 설명하고 비교하면서 거래를 완성하라는 의미다. 연결 지능의 작동 원리를 잘 알아야 함을 뜻한다.

더 나아가 창조적 거래를 생산해 내는 분야에도 연결 지능의 영향이 크다. 새롭고 참신한 아이디어나 생각도 고객의 기존 지식과 경험을 토대로 만들어지는 경우가 많기 때문이다. 특히, 광고 시장은 새롭고 참신한 개념을 만들어 내야 하는 주된 분야이다. 다만, 아이디어가 새롭고 참신하기만 해서는 안 된다. 소비자가 공감하고 수용할 수 있어야 한다. 짧은 시간 안에 새롭고 참신한 아이디어를 쉽게 전달해야 하므로 연결 지능의 원리가 더욱 요구된다.

광고 기획자이자 카피라이터인 정철 대표는 그의 저서에서 고객과 공감하는 '카피Copy 쓰기'를 이렇게 정의한다.

"카피는 만드는Make 것이 아니라 찾는Search 것이다."

없는 것을 새롭게 만들어 내는 작업이 아니라 우리가 늘 쓰는 말, 우리 곁에 늘 놓인 단어 중에서 딱 맞는 말을 찾는 행위가 '카피'라는 것이다.

고객과의 커뮤니케이션에도 마찬가지다. 고객에게 제공해야 할 가치를 전달할 때, 고객이 자주 쓰는 말, 고객 곁에 늘 놓여 있는 단어들을 활용해야 한다. 이들 중에 가장 적합한 말을 골라 자신의 상품에 얹어야 한다. 그래서 저자는 "카피는 손이 아니라 눈으로 쓴다."라고 했다. 고객이 사용하는 흔하고 쉬운 말을 찾아 이리저리 눈을 굴리며 고개를 두리번거려야 좋은 카피가 나올 수 있다는 말이다.

　성공적인 거래를 위해서 거래 상대방을 잘 알아야 한다. 판단이나 생각은 상대방이 가지고 있는 경험이나 지식을 근간으로 이루어지기 때문이다. 상대방의 생각이나 경험을 파악하는 일이 소통의 기본이고 근간이다.

　창조적 거래도 마찬가지다. 연결 지능에 기반하여 생각하는 인간의 특성을 고려해서 거래 조건을 제시해야 한다. 새로운 거래 관계가 필요할 때마다 연결 지능이 민감하게 작동한다. 거래 담당자는 이러한 고객의 판단 원리를 헤아리고 고객의 생각에 주파수를 조정해야 한다. 생각의 연결 포인트를 찾아 눈을 바삐 움직여라. 고객과 소통의 문이 활짝 열릴 것이다.

1-2. [원리] 효율적 소통을 위한 정보 연결의 본능

#신경 세포들의 연결이 생각을 만든다.

뇌 속에는 신경 세포가 있다. 이들의 역할은 '생각하기'이다. 생각이라는 기능을 수행하기 위해, 하나의 신경 세포는 다른 세포에 정보를 전달해야 한다. 전달 과정에서 세포들은 서로 무리를 형성하여 연결망을 이루는데, 이를 '회로'라 하고, 이 회로의 차이에 따라 사람마다 생각이 달라진다. '생각'은 신경 세포의 연결 관계로 생성되기 때문이다.

"의식의 본질은 관계이다."

뇌과학자 마크 솜즈Mark Solms의 말이다. 신경 세포 간의 연결 관계, 외부 환경과 내부 환경과의 연결 관계, 자극과 반응의 연결 관계 속에서 의식이 만들어진다는 의미다. 이런 이유로 우리의 생각은 연결 관계의 결과요 정보 전달의 산물이라 말할 수 있다. 하나의 신경 세포에서 다른 신경 세포로 정보가 전달되면서 회로가 형성되고 생각이 만들어진다. 이 때문에 정보가 어떤 신경 세포에 전달, 즉 '연결'되느냐에 따라 생각이 달라진다. 신경 세포 간의 연결 구조는 그만큼 중요하며 이를 통해 발생하는 연결 지능은 생각의 기본 원리를 담고 있다고 말할 수 있다.

신경 세포의 연결 관계를 연구한 학자가 있다. 캐나다의 심리학자인 도널드 헵Donald Hebb이다. 이 이론은 그의 이름을 따서 헵 가소성可塑性, Hebbian Plasticity이라고 한다.

"두 개의 신경 세포가 동시에 활동하면 두 세포 사이의 연결이 강화된다. 이때 함께 발화하는 세포는 함께 묶인다."

이 이론의 핵심은 신경 세포의 연결 관계가 변화할 수 있음을 말하고 있다. 새로운 정보가 유입되면 신경 세포 간 연결을 확장하거나 재배열하면서 새로운 신경 회로가 형성된다. 이로 인해 생각은 바뀔 수 있으며, 사람마다 서로 다른 생각(회로 구조)을 갖게 된다는 이론이다.

여기서 가소성Plasticity이라는 뜻은 플라스틱Plastic에서 파생됐는데, 플라스틱은 형태를 바꾸거나 제조하기 쉬운 성질이 있다. 생활용품이 플라스틱으로 만들어지는 이유이기도 하다. 한자어 '가소성可塑性'의 소塑는 '흙 빚을 소'라는 뜻으로 찰흙의 성질을 말한다. 물기 먹은 찰흙을 손으로 주무르면 힘주는 대로 형태가 변한다. 신경 세포 간 연결 고리도 마찬가지로 가변적 성질을 갖고 있음을 뜻한다. 그래서 연결이 변하면 생각이 변한다.

이처럼 신경 세포 간 연결이 가변적인 이유는 연결 관계의 특징에 기인한다. 신경 세포의 연결은 딱 붙어 있는 결합 관계가 아니다. 미세한 틈새가 있어 맞닿은 상태로 연접連接되어 있는데 그리스어로 시냅스Synapse라고 한다. 이러한 미세한 틈새 때문에 가변적 성질을 갖게 된다. 신경 세포의 연결은 접해 있다가도 언제든지 떨어질 수 있는 상태인 것이다.

하나의 신경 세포는 이러한 시냅스(연결 접점)를 무수히 가지고 있다. 작은 신경 세포라도 보통 500여 개의 시냅스 접점이 있으며, 많게는

2만여 개를 가지기도 한다. 마치 문어 다리의 빨판 같은 시냅스가 다른 신경 세포와 많게는 수만 개가 얽히고설켜 있다는 것이다. 시냅스가 연결되거나 분리되면서 쉴 새 없이 생각이 생성되고 사라진다. 생각이 다양해지고 계속 변하는 이유가 여기에 있다.

새로운 정보가 유입되면 기존의 전달 체계(회로) 중 어떤 경로를 거치는지에 따라 정보의 해석이 달라지게 된다. 그 사람이 가지고 있는 정보 상태에 의해 지능이 발현되고, 그 지능에 의해 행동이 결정된다. 여기에 더하여 정보 전달 체계(회로)는 가소성이 있어 바뀔 수 있다. 이것이 신경 세포 간 연결의 기본 관계이다.

알고 있는 것과 연결되어야 보인다.

앞에서 살펴본 바와 같이, 생각은 기억 속에 존재하는 지식에 영향을 받는다. 기존 정보 전달 체계(회로)를 거치기 때문이다. 이로 인해 기존 정보 전달 체계와 관련이 있는 정보가 유입된다면 정보 전달이 수월해진다. 기존 지식과 유사한 정보는 상대적으로 이해하기가 쉽다. '본다'는 행위만 봐도 알 수 있다. 우리는 늘 무엇인가를 보고 판단한다. 하버드대학교 의대 교수인 스테판 코스린Stephan Kosslyn은 보는 행위에 대해 의미 있는 주장을 했다.

"현재 뚜렷하게 보고 있거나, 봤다고 생각하는 많은 부분은 기억으로부터 나온다."

현재 보고 있는 사실이 머릿속에 있는 기억이라니! 선뜻 이해가 어렵다. 이 내용을 좀 더 이해하기 위해서는 다음 사실을 상기해야 한다. '보기'라는 행위는 망막에 피사체가 맺히는 단순한 현상이 아니라는 점이다. 신경 세포와 연결되어 고도의 프로세스에 의해 수행되는 인식 행위이다. 따라서 '보기'는 눈이 수행하는 것 같지만 실제는 지능에서 이루어진다. 즉, 보는 행위도 뇌지능이 수행하며, 이해가 전제되어야 함을 뜻한다. 이 때문에 인식이 전제되는 '보기'라는 과정도 기존 지식에 영향을 받을 수밖에 없다. 이러한 맥락에서 스테판 코스린 교수의 주장을 다시 생각해 봐야 한다.

보는 행위는 봤다고 끝나는 것이 아니고 지능이 이해하는 단계까지 넘어가야 비로소 완료된다. 인식이 전제되어야 하므로 세상을 '있는 그대로 봤다.'라고 말하기가 어렵다. 이해의 정도에 따라 실제 그대로의 모습을 지각하지 못할 가능성이 있다. 기존의 지식을 기반으로 작동하는 연결 지능의 영향으로, 이해하는 과정에서 본 것Fact이 왜곡될 수 있기 때문이다.

이와 관련하여 하나의 실험이 진행됐다. 같은 직장에 근무하는 직원 4명이 피실험자로 참여했다. 이들은 평소 사용하던 회의실에 모였다. 실험 감독관이 다음과 같이 설명한다. "지금부터 여러분에게 15초간의 시간을 드립니다. 그 시간 동안 회의실에 있는 모든 물건을 최대한 기억하시길 바랍니다. 내가 시작하는 순간부터 암기하시면 됩니다."

"준비, 시작!" 실험 감독관의 말이 떨어지기 무섭게 참가자들은 눈을 크게 뜨고 회의실 여기저기를 둘러본다. 긴장된 표정으로, 조금이라도 더 많이 보고 기억하려 했다. "그만~" 실험 감독관이 종료를 선언했다. 피실험자들은 다른 장소로 이동해서 잠시 실험과 관계없는 문제를 풀게 했다. 그런 후 피실험자에게 종이 한 장이 제공됐다. 그 종이 위에 회의실에서 본 물건을 생각나는 대로 적으라고 요청했다. 참가자들은 차분하게 자기가 본 것을 기억해 가며 하나씩 적어 내려갔다.

"화이트보드, 보드마커, 지우개, 책상, 의자, 전화기..."

대부분 피실험자가 적어낸 목록이다. 이제, 피실험자들을 한 명씩 회의실로 다시 가 보게 했다. 자신이 적어 놓은 항목과 회의실에 비치되어 있는 실물을 비교하기 위해서다. 그런데 참가자들이 하나같이 놀라워한 물건이 있었다. 바로 화이트보드 받침대에 놓여 있던 '지우개'를 본 순간이다. 지우개라고 생각했던 그것은 지우개가 아니었다. 담뱃갑이었다. 피실험자들은 담뱃갑을 보고서 지우개라고 적어 낸 것이다.

다른 피실험자들도 마찬가지였다. "화이트보드 위에 놓여 있는 네모난 것은 지우개일 거야."라는 생각이 실제로 본 행위를 지배했다. 피실험자들의 눈은 분명히 담뱃갑을 보았고, 시각 신경 세포는 뇌지능에 담뱃갑이라는 정보를 전달했다. 그러나 연결 지능은 그 정보를 이해하는 과정에서 지우개로 바꿔 버린다. 연결 지능의 생각은 이랬다. "설마 회사 내 회의실에 담뱃갑이 있을 수 있겠어?, 눈이 뭘 잘못 본 거야, 올바른 정보로 바꿔야겠다." 이러한 상황 논리가 시각 정보를 왜곡하게 만든 것이다. '본다'라는 행위는 '우리의 뇌 속에 있는 기존의 생각을 끄집어 내는 작업'이라는 주장이 제기되는 이유다.

이제 스테판 코스린 교수의 주장을 조금은 이해할 수 있을 것 같다. 어쩌면 우리의 판단이나 생각은 이미 우리 지능 속에 결정되어 있을지 모른다.

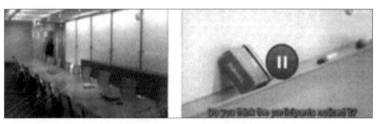

[그림 I] 2009. 4. 14 sbc 생활의 발견 1부. 관찰편

신경과학자 마크 솜즈Mark Solms도 인간의 생각은 기존의 지식에 영향을 받는다며 다음과 같은 견해를 밝혔다.

"일반적으로 우리의 기억 속에 저장해 왔던 모델로부터 우리가 지각하는 현실을 자동적으로 재구성하게 된다. (중략) 우리 주위에 있는 세계를 지각한다기보다 오히려 재구성하고 있다."

지각하기는 나의 뇌지능 속에 이미 저장된 정보를 기반으로 인식하는 현상임을 강조한 말이다. 일반적으로 우리가 어떤 내용을 이해한다는 것은 외부에서 유입되는 정보(어떤 내용)를 기존 정보와 융합해서 새롭게 재조정하는 과정이다. 우리는 뇌지능 속에 이미 존재하는 기억 정보와 연결하여 새로운 정보를 이해하고 받아들이고 있다.

성공적 거래를 위해서는 고객이 생각하고 시장이 보유한 기존의 정보(트렌드)를 잘 파악해야 한다. 고객은 자신의 기존 정보로 새로운 정보를 이해하고 받아들이기 때문이다. 해당 산업의 고객이 쉽게 이해할 수 있는 언어로 커뮤니케이션해야 하는 이유도 그 때문이다. 판매 담당자들은 연결 지능의 특성을 활용하여 소통 능력을 키워야 한다. 고객이 알고 있는 정보와 어떻게 잘 연결하느냐가 소통의 관건이다. 뇌리에 착 달라붙는 메시지에 관한 책《스틱》에서도 효과적인 정보 전달을 위해 이렇게 조언하고 있다.

"청중이 이미 가지고 있는 기억을 두드려 깨워라. 이미 존재하는 것을 활용하라!"

1-3. 거래에 능통해지는 소통 기술

창조적 소통의 조건

창조적 거래와 소통은 단순하거나 밋밋해서도 안 되겠지만, 반면에 너무 획기적이거나 과도하게 앞서가도 안 된다. 최근 20대에서부터 50~60대에 이르기까지 폭넓은 사랑을 받는 연예인이 있다. 50세가 훌쩍 넘은 가수 양준일이다. 그는 약 30년 전에 잠깐 활동했던 가수다. 그당시에는 많은 사람에게 기억되지 못했다. 그런데 유튜브를 통해 그때의 노래와 춤, 퍼포먼스를 본 오늘날의 젊은이와 중년이 팬이 되어 환호와 갈채를 보내고 있다.

그에게 붙은 애칭은 탑골 지디GD다. 지디는 아이돌 그룹 빅뱅의 리더 지드래곤을 말하는데, 독특하고 앞서가는 패션 감각과 음악성을 지닌 아티스트로 유명하다. 양준일은 이미 30여 년 전에 지금의 지디와 비슷한 파격적인 패션과 퍼포먼스를 보여 주었다. 그러나 그 당시의 대중은 양준일의 가치를 알아주지 못했다. 파마머리에 귀걸이를 한 채 너무 튀는 그의 퍼포먼스를 이상하게만 생각했었다. 결국 짧은 가요계 생활을 마감하고 그는 미국으로 갔다. 어느덧 30년이라는 세월이 흐른 지금, 대중은 그를 다시 소환한 것이다. "시대를 앞서간 천재 아티스트, 타고 난 춤꾼, 30년이나 급하게 데뷔한 연예인"으로 불리며 그때의 노래와 춤으로 제2의 전성기를 맞이하고 있다.

아무리 좋은 것이라도 고객이 낯설어하고 받아들이지 못하면 좋은 평가를 받을 수 없다. 노래나 의류 등 트렌드에 민감한 상품이나 서비스는 더욱 그렇다. 여기서 짐작할 수 있는 점은 창조적일지라도 기존의 문화와 정서를 담고 있지 않으면, 그 창조성이 인정받지 못할 수 있으므로 기존의 정보와 엮어서 제시되어야 한다는 것이다. 연결 지능의 활용이 중요함을 알 수 있다.

《스마트 시대의 미래》라는 책을 저술한 원석연 교수는 창조를 융합Convergence에 비유한다. 그는 기존의 것에 더하여 새로운 가치를 만드는 창조가 더 효과적이라고 말하면서 융합을 강조했다. 융합은 유有에서 새로운 유有를 발견하는 과정이며, 창조 또한 다른 방식의 융합을 통해 새로운 유를 발견하는 행위라는 것이다.

'창조'가 갖는 이러한 특성을 고려할 때, 완전히 색다르고 창의적인 아이디어는 생각만큼 발굴하기가 쉽지 않으며, 그렇게 개발된 아이디어는 시장에서 그 거래 가치를 인정받기도 어렵다. 새롭고 창의적인 거래라 하더라도 기존의 시장 환경, 프로세스에 연결하여 새롭게 정의 되어야 함을 뜻한다. 현실과 너무 동떨어진 신개념이나 프로세스는 시장에서 낯설어하고 쉽게 받아들이지 못하기 때문이다. 상대가 갖고 있는 기존 지식을 감안하여 거래 조건이 제시되어야 이해가 쉽고 소통도 원활해진다.

혁신의 아이콘이자 새로운 가치를 만드는 창조자라 불렸던 스티브 잡스도 이러한 원리를 철저하게 활용한 인물이다. 잡스의 소통 비법을 살펴보기 위해 2007년 맥월드 엑스포Macworld Expo가 열린 샌프란시스코로 돌아가 본다.

"오늘은 내가 2년 하고도 반년을 기다려 왔던 바로 그날입니다!"

스티브 잡스는 한껏 달아오른 분위기에서 아이폰 론칭 프레젠테이션의 포문을 열었다.

"가끔, 혁신적인 상품들은 모든 것을 바꿔 놓습니다. 그리고 애플은 운 좋게도 그러한 상품 몇 개를 세상에 출시한 경험이 있습니다."

이 말과 함께 1984년에 출시된 매킨토시 컴퓨터를 소개한다. 지금 우리가 사용하는 마우스와 클릭만으로 이용하는 최초의 컴퓨터다. 그는 매킨토시가 컴퓨터 산업 전반을 변화시켰다고 강조한다. 그 다음으로, 2001년 세상에 출시된 아이팟iPod을 소개했다. 이 또한 세계 음악 시장에 큰 변혁을 몰고 왔다고 말한다.

매킨토시와 아이팟이 소개될 때마다 청중들은 박수로 화답했다. 청중들은 자신이 알고 있는 매킨토시와 아이팟보다 더 혁신적인 제품을 기대하고 있었다. 잡스는 청중이 잘 알고 있는 사실과 정보를 상기시킴으로써 자신이 얘기하고자 하는 신제품을 더욱 효과적으로 전달하고자 했다.

"자, 오늘 지금보다 더욱 흥미로운 세 가지의 혁신적인 신제품을 소개하겠습니다."

잠깐 멈췄던 그의 말은 계속 이어진다. 세 가지 혁신 제품의 이미지가 하나씩 화면을 채운다.

"첫째, 더욱 넓어진 터치형 아이팟iPod, 둘째, 혁신적인 전화기Phone 그리고 마지막 으로는 완전히 새로운 인터넷Internet 통신 기기입니다."

혁신 제품이 하나씩 소개될 때마다 청중들의 환호성이 어우러지며 장내 분위기는 한층 뜨거워졌다. 애플의 인지도를 바꿔 놓은 아이팟과 일상생활의 필수품인 휴대 전화 그리고 인터넷의 편리함을 재차 강조하면서 말이다. 잡스는 신제품 아이폰을 바로 소개하지 않고, 청중들에게 친숙한 기존 제품을 먼저 언급하는 방법을 사용했다.

다음 멘트에서 그 이유를 알 수 있다.

"소개해 드릴 세 가지 혁신 제품은 서로 분리된 별개의 기기가 아닙니다. 그것은 하나의 기기이며, 우리는 그것을 '아이폰iPhone'이라고 부르게 될 것입니다."

신제품 아이폰이 드디어 등장하는 순간이다. 그가 아이폰을 소개하자 청중들은 일제히 환호와 박수로 화답했다. 생전 처음 보는 신제품을 소개받았음에도 열광하고 있었다. 기존의 아이팟보다 사용성이 더 좋아졌고, 혁신적인 전화기 기능을 갖추면서 편리하게 인터넷을 사용할 수 있는 스마트폰일 것이란 직감 때문이다.

잡스가 의도한 바도 그랬다. 청중들은 자신이 알고 있는 정보로 상상하고, 스스로 깨닫게 해야 소통이 잘 된다는 원리 말이다. 덕분에 새롭고 낯선 제품이었음에도 발표 순간순간 청중들로부터 박수와 환호를 받을 수 있었다. 잡스의 뛰어난 언변도 한몫했지만, 연결 지능을 잘 활용한 소통 방식이 주요했다.

창조적 아이디어란 새로운 사고, 기발한 생각을 말한다. 여기에 기존의 것들과 융합하여 변화하고 차이 나는 현상을 포함한다. 익숙한 기존의 지식을 기반으로, 경험이 다른 지식과 사례들을 결합해서 새로운 가치를 만들어 내는 행위다. 넓은 의미에서 창조란 무無에서 발생하는 것보다 유有에서 새로운 유有가 탄생하는 현상에 더 가깝다.

창의적이고 효율적인 소통 방법도 이와 크게 다르지 않다. 상대방의 기존 지식과 상황을 잘 파악하고, 새롭고 창조적인 면을 더하여 고객에게 전달해야 한다. 너무 새롭고 낯선 제안 때문에 기존의 지식과 정보에 연결되지 못하면 돈키호테식 일방적인 정보 전달에 그칠 수 있다. 성공적이고 창조적인 거래 조건을 제시하고 싶다면, 연결 지능을 자극해야 한다. 기존의 지식과 정보라는 나무에 새롭고 참신한 창조적 열매가 달리게 해야 한다. 창조적 거래는 연결 지능으로 영그는 탐스러운 과실이다.

비유적 표현으로 제시하라.

거래의 고수들은 비유를 사용하여 설득하는 데 능통하다. 비유는 자신의 주장이나 내용을 간접적으로 설명하는 기술이다. 비유적 표현은 기존의 지식, 대상 등 익숙한 사물이나 개념을 활용한다. 거래 상대방이 알고 있는 지식이나 대상을 빌려서 설명하기 때문에 이해시키기가 그만큼 쉽다. 이러한 설명 기법은 상대방의 거부감을 줄일 수 있다. 연결 지능이 비유에 잘 반응하는 이유이기도 하다.

비유는 어린아이 때부터 사용해 왔던 익숙한 표현 기술이다. 어린 시절에는 주위 환경 대부분이 새롭다. 이전에 경험하지 못했던 일들로 놀라고 신기해한다. 이러한 경험을 다른 사람과 나누고 싶어 한다. 아쉽게도 아이들은 자신이 알고 있는 지식이나 단어로는 새로운 경험을 효과적으로 설명하기 어렵다. 이때 새로운 경험을 전달하기 위해 과장이나 은유라는 비유법을 사용하게 된다. 자신이 알고 있는 제한된 정보나 단어를 사용할 수밖에 없기 때문이다. 이처럼 비유는 어린아이 때부터 익숙한 소통 방법이며, 그만큼 쉬운 설명 방법이다. 일상의 소통에서도 알게 모르게 비유로 채워져 있다. 이런 이유로 비유는 대부분의 설명에 적용할 수 있는 표현 방법이다.

보험 영업의 고수가 바쁘다며 보험 가입을 미루는 고객에게 들려줬다는 비유 이야기가 있다. 아프리카에 물이 매우 귀한 부족 이야기이다. 이 부족의 주요 일과는 물을 얻기 위해 멀리 떨어진 강을 갔다 오는 일이었다. 부족 장정의 대부분이 동원됐다. 그들은 그렇게 바쁜 나날을 보내고 있었다.

국제 구호 단체가 이 사실을 듣고 그 마을의 족장을 찾아가서 하나의 제안을 했다.

"물을 쉽게 먹을 수 있게 마을 근처에 우물을 만드는 것이 좋겠습니다. 필요한 장비와 비용은 지원할 테니 마을 장정들을 동원 해 주세요."

부족장은 부족 회의에서 결정하겠노라 답했다. 며칠 후 구호 단체는 부족장으로부터 한 통의 편지를 받았다. 우물을 만들지 못하겠다는 답장이었다. 마을의 장정들은 물을 구하는 데 동원되어야 하기에 우물을 만들 인력이 없다는 것이 이유였다.

이런 이야기를 고객에게 들려주면서, "고객님은 매일 바쁘고 정신없이 사시는데 그 이유가 행복한 삶을 살기 위한 것이 아닌가요? 다른 일 때문에 이 상품을 가입하지 않는 것은 진정한 행복을 뒤로 미루시는 것과 같습니다."라고 고객을 설득시켰다고 한다.

구매 결정을 서둘러야 하는 이유를 스토리로 풀어 비유적으로 설명한 것이다. "고객님 지금 결정하셔야 합니다. 왜 이렇게 뜸 들이세요?"라는 말보다 고객 스스로 한 번쯤 더 생각하게 만드는 설득 방식이다. 스토리는 상대방이 알고 있는 다양한 지식을 활용하는 기술이다. 공감하기 쉬운 스토리 형태로 비유한다면 완곡하지만 효과적인 설득이 가능해진다.

비교 기법은 광고에서 자주 사용된다. 음료 시장인 콜라 제품은 강력한 경쟁 브랜드가 존재한다. 상대 브랜드와 비교를 통해 자신의 우월함을 알리려는 광고전이 치열하다.

뜨거운 여름, 시원한 콜라가 생각나는 계절이다. 라틴풍의 잔잔한 기타 연주가 흐르는 가운데, 한 꼬마가 뜨거운 햇볕을 받으며 자판기로 걸어간다. 자판기 앞에 서서 잠깐 위를 올려 본다. 작은 키에 비해 자판기가 꽤 높고 크다. 음료 선택 버튼이 아이의 키보다 높은 곳에 있다. 아이는 동전을 자판기에 넣고 손에 닿는 음료 선택 버튼 하나를 누른다. 코카콜라가 출구로 떨어졌다. 코카콜라 캔을 집어 들어 자기 발아래 놓는다. 동전을 하나 더 넣는다. 또 하나의 코카콜라 캔이 "쿵" 하고 떨어졌다. 또 자기 발 옆에 놓는다. 동전을 다시 자판기에 넣는다. 캔 하나를 더 뽑으려는 것이다. 그런데 이번에는 꼬마가 자신의 발 옆에 있던 두 개의 코카콜라 캔을 각각 밟고 올라선다. 펩시콜라 버튼을 누르기 위해서다. 펩시콜라 버튼은 가장 위쪽에 있어서 아이의 손이 닿지 못했다. 코카콜라 캔을 밟고 올라서야 누를 수 있는 곳에 있었다. 밟힌 코카콜라를 뒤로 한 채 꼬마는 펩시콜라를 마시며 유유히 사라진다. 코카콜라가 유난히 더워 보이는 여름이다.

위트 있는 경쟁사 비교 광고다. 1등 브랜드는 고객에게 친근한 정보다. 잘 알려진 1등 브랜드에 대한 비교 광고는 익숙한 정보를 사용하여 자신의 브랜드를 어필하려는 고도의 연결 지능 활용 전략이다.

비유적 표현은 거래 상대방의 기존 지식이나 익숙한 정보, 개념을 활용하는 기술이다. 상대방의 뇌지능 속 지식을 터치해 줄 때 연결 지능이 작동한다. 상대방의 기존 지식에 연결하여 비유로 설명해 보라. 그가 알고 있는 정보와 비교할 때 설득이 쉽고, 거부감을 줄일 수 있다. 새로운 제안일 경우엔 더욱 그렇다. 성공적 제안의 해답은 상대방의 연결 지능을 얼마만큼 잘 자극하느냐에 달려 있다.

무엇이든 하루 30분, 21일만 반복하면 습관이 생긴다.

"행복해서 웃는 게 아니라, 웃으면 행복해진다."

행복하면 자연스럽게 웃음이 나오겠지만, 웃다 보면 행복도 느낄 수 있다는 얘기다. 행복이 웃음을 유발하지만, 웃는 행위 또한 행복을 유발하고 강화한다. 마음에 없는 아부도 계속하다 보면 충성이 된다는 얘기도 같은 의미다. 이러한 말은 생각과 행동 간 관계를 얘기하고 있다. "마음에 두고, 관심을 가지면 행동으로 나타나는데, 반대로 행동을 계속 반복하다 보면 마음도 생기고 관심이 간다."는 이치다.

미국의 의사이자 작가인 맥스웰 몰츠Maxwell Maltz는 '습관'이라는 원리를 통해 이러한 현상을 설명하고 있다. 그는 자신의 저서에서 "우리의 정신적 이미지에 자각할 수 있을 정도의 변화가 나타나려면 적어도 21일은 지나야 한다."고 주장했다. 뇌지능은 익숙지 않은 행동을 해야 하는 상황에 대체로 거부감을 가진다. 그러나 새로운 행동도 계속 반복하다 보면 신경 세포에 관련 회로가 생기고, 거부감이 줄어들게 된다. 새로운 패턴이 생성되는 기간이 21일 정도라는 주장이다.

습관 패턴도 연결 지능의 메커니즘에 근거한다. 즉, "함께 발화하는 세포는 결국 연결된다."는 헵 가소성의 원리가 반영되어 있다. 산자락에 등산로가 생기는 과정과 흡사하다. 길이 없던 한적한 산속에 누군가 옹달샘을 발견했다. 소식을 들은 사람들이 하나둘씩 옹달샘을 찾기 시작한다. 발길이 많아지면 풀이 없어지며 바닥이 드러나고 길이 만들어진다. 이제 옹달샘에 갈 때면 그 길(연결)을 이용한다. 그러다가 옹달샘의 물이 말랐다는 소식이 전해지면, 사람의 발길이 뜸해진다. 다시 풀이 하나둘씩 자라고 어느새 길(연결)은 사라진다.

헵 가소성에 따라서 자주 사용하는 회로는 연결 지능이 더욱 강화된다. 연결 지능은 익숙하고 반복되는 행위나 생각을 '하나의 패턴'으로 간직하여 쉽게 반응한다. 우리가 매일 비슷한 패턴으로 살며, 익숙한 것에 호감을 보이는 이유이다. 연결 지능의 패턴화 속성은 뇌지능이 사고의 효율성을 추구하기 때문에 발생하는 현상이다. 기존의 형성된 인지적 패턴을 따르면 신경을 덜 쓰고도 일상이 가능하다. 다시 말하면, 에너지가 덜 소모되는 효율적인 인지 활동을 하게 된다.

익숙한 패턴에 대한 호감 현상은 음악 부문에서 두드러진다. 노래에는 유행하는 멜로디 패턴이 존재한다. 호주 출신 '액시스 오브 어섬The Axis of Awesome' 밴드가 이러한 특징을 잘 활용하여 노래하고 있다.

이 밴드는 자신이 직접 만든 히트곡이 없다. 그럼에도 그들이 공연하는 날에는 늘 관객들로 붐빈다. 이들이 부른 메들리 때문이다. 당대 최고의 그룹이나 가수가 부른 유명한 노래를 엮어 곡을 만들었다. 노래 한 곡을 들어 보자. 자동차 CF 배경 음악으로 유명한 노래로부터 시작된다.

James Blunt - You're Beautiful

그리고 메들리는 친근한 곡들로 이어진다.

Richard Marx - Right Here Waiting

Alicia Keys - No One

Mica - Happy Ending

U2 - With or Without You

The Beatles - Let It Be

Michael Jackson - Man in the Mirror

Elton John - Can You Feel The Love Tonight

A HA - Take on Me

듣기만 해도 금방 고개가 끄떡여지는 명곡들이다. 유명한 곡들을 단순히 메들리로 불렀다고 청중들이 좋아한 것이 아니다. 또 하나의 요인이 더 있다. 이어 부르는 방식 때문이다. 서로 다른 노래들을 단 4개의 음정(코드, E - B - C#m - A)만으로 연주했다. 4개의 코드를 반복해서, 위의 명곡들을 하나씩 불렀다. 새로운 노래가 이어지지만 코드는 같은 패턴이다. 관객들은 다양한 노래가 단순하고 익숙한 패턴으로 불리는 것에 환호하고 있었던 것이다.

이 현상에 대해 국내의 한 작곡가는 다음과 같이 설명한다.

"음정을 일정하게 유지하면서 곡이 진행되면, (노래의) 뼈대들이 튼튼해지고 일관성을 갖게 되어 사람들은 무의식적으로 그것을 기억하게 된다. 마치 최면처럼..."

액시스 오브 어섬 밴드는 익숙한 음정 패턴을 활용하여 청중을 사로잡았다. 연결 지능이 좋아하는 익숙한 패턴을 활용하면 히트곡이 될 가능성이 높음을 알 수 있다.

익숙한 인지적 패턴을 활용한다면 거래 관계에서도 거부감을 줄이면서 계약까지 이끌기가 쉽다. 상품을 개발할 때도 시장에 존재하는 패턴, 반복적인 흐름의 파악이 중요하다. 개인적으로도 신용 카드 상품 개발을 하면서 연결 지능의 힘을 느낀 경험이 있다.

2000년대 초반, 주 5일 근무제가 막 도입될 무렵이었다. 주 5일 근무제에 적합한 신용 카드 상품을 준비해야 했다. 새로운 근무 제도는 사회 전반적으로 큰 영향을 줄 것으로 예상했기 때문이다. 상품 콘셉트는 개인의 여가를 지원하는 레저 전문 카드로 정했다. 상품의 핵심 서비스를 무엇으로 할지가 중요했다. 여러 의견이 제시되었으나, 논의 끝에 주말 더블 포인트를 최종적으로 낙점하게 됐다.

주 5일 근무가 확산되면 주말 여가가 많아질 것이고, 주말에 카드 사용이 늘어날 것으로 예상했기 때문이다. 가족 소비가 늘어나는 주말에 2배로 포인트를 쌓아 생활 패턴에 맞는 서비스를 제공하고자 했다. 주말 혜택 강화를 위한 주말 더블 포인트는 성공적으로 론칭되었다. 카드 회원이 100만 명을 훌쩍 넘어서며, 의미 있는 레저 카드로서 자리매김하였다. 그 후에도 '주말 더블 포인트 적립'은 다른 카드 상품에 여전히 활용되었다. 시장에 잠재되어 있는 패턴을 분석하고 예측하는 일은 그래서 중요하다.

이러한 성공적 경험은 가전 시장을 담당할 때에도 확인할 수 있었다. 가전 시장에서 큰 반향을 일으켰던 '선할인 포인트' 프로모션 때문이다. 선할인 포인트란 먼저 할인받고 나중에 신용 카드를 이용할 때 발생하는 포인트로 갚는 서비스를 말한다. 어느덧 선할인 포인트가 가전 시장에 도입된 지도 많은 시간이 흘렀다. 우리 회사뿐만 아니라 대부분 카드사가 가전 대리점에 선할인 포인트를 제공하게 되면서 더는 차별성을 갖지 못했다. 없애지는 못하고 유지하는 수준이었다. 리뉴얼이 필요한 시기가 된 것이다.

효자 노릇을 했던 선할인 효과가 시들해지자 가전 대리점에서의 판매 효과도 낮아졌다. 가전 제휴사와의 관계도 느슨해지는 분위기였다. 선할인 포인트는 할인 한도가 50만 원으로 제한되어 있어서 큰 금액의 제품을 사는 고객에게 할인 금액을 어필하기에도 다소 부족한 면이 있었다. 대책이 필요했다.

그러던 어느 날, 선할인 포인트가 카드 할부와 많이 닮았음을 순간 깨닫게 됐다. 구매 금액이 큰 가전 시장에서는 할부 **결제가** 일반적이었다. 선할인 포인트도 미리 할인받은 혜택을 60개월로 나눠서 갚는 방식이다. 할부도 나눠서 갚는 구조 아닌가! 두 서비스의 장점만 담아서 새로운 서비스를 출시하기로 했다. 선할인 포인트의 장기(60개월) 분할 기간과 카드 할부의 고액 한도(약 300만 원) 기능을 합친 것이다. 이렇게 하여 탄생한 서비스가 '제로 할부'이다. 고객의 혜택 금액을 장기로 분할해서 부담 없이 포인트로 갚아 나가는 서비스에 시장의 반응은 놀라웠다. 다시금 오래전 선할인 포인트 도입 초기의 분위기를 되찾게 되었다. 회사의 카드 결제 비율이 높아졌음은 물론이다.

생각해 보면, 제로 할부의 성공 요인은 간단했다. 가전 시장에 친숙한 선할인 포인트와 할부 결제 패턴을 잘 믹스해서 만든 것이 주요했다. 기존 것과 어떻게 연결되느냐에 따라 서비스 수용도는 영향을 받게 된다. 고객이 알고 있는 익숙한 패턴과 연결하여 상품을 접목해야 한다. 고도의 연결 지능이 작동하도록 만들 필요가 있다.

고객에게 형성되어 있는 일상생활 패턴은 매우 견고하다. 견고하게 형성된 반복 패턴을 활용해 살짝 비튼 서비스나 상품을 만들어야 시장에 쉽게 안착할 수 있다. 이는 모든 시장에 적용되는 원리다. 각기 다른 모습으로 잠재 패턴이 존재할 뿐이다. 보이지 않는 패턴을 찾는 능력은 고도의 연결 지능을 필요로 한다. 나와 고객의 지능 안에 활동하는 연결 지능을 활용하라. 사고의 실타래에서 조금 다른 생각의 끈을 풀어내라. 이 끈으로 새로운 거래 가치를 묶어내려는 노력을 중단하지 말아야 한다. 반복되는 잠재적 패턴에 새로운 생각의 끈을 엮어라. 고객의 뜨거운 반응이 연결될 것이다.

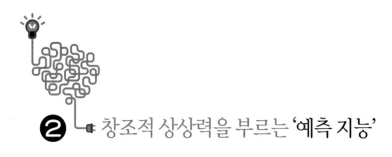

❷ 창조적 상상력을 부르는 '예측 지능'

2-1. 예측이 갖는 상상력의 힘

\# 상상이 위대한 이유는 곧 도래할 현실이기 때문이다.

고객의 기대와 가상의 상상은 어떻게 생겨나는 걸까? 이는 우리 뇌 지능 속에 예측 지능이 작동해서다. 예측 지능의 주요 기능은 다음 상황을 대응하기 위한 '예상하기'와 아직 경험하지 않은 상황을 '상상하기'이다. 예측 지능의 다음 상황 예상하기는 운동 경기에서 쉽게 확인된다. 2010년 광저우 아시안 게임 남자 400m 혼계영 결승이 있었다. 일본과 중국이 금메달을 놓고 한판 대결을 펼쳤다. 두 나라가 엎치락뒤치락 경합을 벌인 결과 중국이 간발의 차이로 일본을 누르고 1등으로 골인했다. 그런데 예상치 못한 상황이 발생했다. 금메달이 일본에게 돌아간 것이다. 비디오 판독에서 중국 선수가 앞선 동료의 도착 전에 먼저 출발했다는 판정이었다. 부정 출발이다. 왜, 중국 선수는 실격의 위험을 알고서도 먼저 출발하게 되었을까? 예측 지능을 억제하지 못했기 때문이다. 다음 상황을 예측하여 미리 대응하려는 예측 지능의 본능을 극복하지 못한 결과였다.

예측 지능의 또 다른 기능은 가상의 상황을 상상하기다. 예측 지능은 상상 전문가다. 영화《월터의 상상은 현실이 되다》에서 주인공 월터 미티Walter Mitty가 그렇다. 그는 내성적 성격에 특별히 내세울 것 없는 평범한 잡지사 셀러리맨이다. 소심한 성격 탓에 아직 여자 친구도 없다. 그런 그가 짝사랑하는 직장 동료의 강아지를 위험에서 구해 주고, 그녀에게 낭만적인 시를 읊어 주거나, 서로의 모습을 닮은 멋진 동상을 선물한다. 물론 그의 예측 지능이 만들어낸 상상 속 이야기다.

그는 자신을 괴롭히는 상사에게 재치 있는 농담으로 받아치고, 상사와 몸싸움을 하면서 맞서며, 여행 중에 위급한 상황에서도 잘 대응한다. 이 또한 순간순간 떠오르는 주인공의 상상이다. 그럼에도 월터는 자신의 상상력으로 실제 위기를 극복하게 되고, 마침내 짝사랑하는 직장 동료와 연인 사이로 발전하게 된다.

상상은 나의 미래를 미리 경험하는 훌륭한 수단이다. 실제 현실에서도 가상의 상상을 통해 위기를 극복하는 사례는 많다. 한때 세상을 떠들썩하게 했던 33인의 칠레 광부 이야기가 그렇다. 장장 68일간 지하

600m가 넘는 땅속에 매몰되었음에도 허물어지는 그들을 지탱해 줬던 것은 희망찬 상상이었다. 살아서 나갈 수 있다는 희망, 땅 위의 신선한 공기들, 아내가 차려 주는 소박한 밥상 그리고 가족의 모습을 상상하며 죽음의 공포를 극복해 낸 것이다.

예측 지능의 '예상과 상상력'은 일상 속 매 순간 작동하는 기능이다. 날씨가 춥다고 생각되면 두꺼운 외투를 입고 비가 예상되면 우산을 준비한다. 직장에서는 상사에게 언제 보고해야 좋을지, 회의 때 어떤 대화를 나눠야 할지, 거래처와의 미팅에서는 어떤 제안을 할지 고민할 때마다 예측 지능이 관여한다. 우리가 의식적으로 지각하고 각성하지 못하지만, 미래의 상황에 대한 예측과 상상은 매 순간 뒤섞이며 지금 이 순간에도 작동하고 있다.

이러한 예측 지능은 거래 관계에서도 중요하게 작동한다. 수많은 매장에서 판매 사원과 고객은 서로 보이지 않는 예측 대결을 펼친다. 고객은 판매 사원이 더 할인해 주길 원한다. 반면 판매 사원은 특별한 사정이 없는 한 가격 할인을 고민할 이유가 없다. 판매 사원은 고객의 눈치를 보면서 다음 반응을 예상하며 상담을 이어 간다. 고객도 마찬가지다. 판매 사원이 어떻게 나오냐에 따라 이 매장에서 살 것인가를 결정하려 한다. 서로의 예측 지능이 풀가동된다. 보이지 않는 날 선 신경전이 벌어진다. 판매 사원은 상황을 잘 예측해야 한다. 유능한 판매 사원일수록 고객이 어떤 반응을 보일지 잘 알고 있다. 이미 많은 경험을 통해 고객 반응별 대처 방안이 몸에 배어 있다. 그들은 고객의 관심을 계속 묶어 둘 줄 안다. 그리고 자신의 방식으로 거래를 성사시킨다.

'거래'는 앞으로 주고받을 사안에 대해 서로 논의하는 과정이 존재한다. 따라서 거래 결과나 상대방의 반응에 대한 추론과 상상력이 필요한 일이다. 미래의 상상이 열정적이고 세밀할수록 거래의 성공 확률이 높아지게 마련이다.

에디슨이 인류에 빛을 선사하겠다는 빛나는 상상! 하늘을 날겠다는 라이트 형제의 희망에 찬 상상! 스티브 잡스의 손안에서 인터넷을 자유롭게 사용한다는 혁신적 상상! 이들은 경험하지 못했지만, 각자의 상상이 현실이 될 수 있다는 강력한 기대감이 있었다. 그리고 결국 상상을 현실로 실현했다. 예측 지능의 상상 능력은 그만큼 대단하다.

《뭐든 되는 상상》의 저자 박성우 작가는 상상의 위대함을 이렇게 말한다.

"상상한다는 것은 망했다고 말하던 내가 이제부터 시작이라고 말하는 것이며, 뭐든 안 된다고 말하던 내가 뭐든 해낼 수 있다고 말하는 것이다."

예측한 자와 그렇지 못한 자

예측 지능이 중요한 이유는 미래의 행동과 결과를 예상하고, 상상하도록 도와주기 때문이다. 예상이나 상상은 모두 미래와 관련이 깊다. 인간은 왜 미래의 행동과 결과를 예측하고 상상하려 할까? 그 이유는 다가올 상황을 미리미리 준비해야 생존 확률이 그만큼 높기 때문이다. 예측 능력이 없다면 인간은 걷기조차 힘든 존재이다.

새해가 되면 각종 신년 운세를 알기 위해 점집과 철학관으로 사람이 모여든다. 한 통계 자료에 의하면, 직장인 10명 중 6명이 신년 운세에 관심이 있거나 볼 계획이라고 했다. 미래에 대한 막연한 두려움에서 벗어나고 제대로 대응하고 싶은 갈망이 크기 때문이다.

원시 시대를 생각해 보자. 음식을 얻기 위해 사냥길을 떠날 때, 자신을 해칠 포식자가 있을 만한 곳은 피해야 한다. 어디로 가야 먹잇감을 안전하게 구할지도 미리 생각하고 움직여야 한다. 맹수나 포식자를 만났던 곳에는 가면 안 된다. 곧 도래할 미래를 추론하거나 상상하지 못했다면, 포식자에 대한 공포로 인류는 생존이 힘들었을 것이다. 두려움 때문에 굶주려도 동굴 밖을 나서지 못했을 것이고, 동굴을 나선다고 해도 신경을 곤두세우며 초조함을 극복하지 못해 스트레스로 자멸했을 것이기 때문이다. 앞날을 예상함으로써 편안하고 안전한 삶을 영위하려는 욕구는 강할 수밖에 없다. 예측 지능이 있어 그러한 삶이 가능했으며, 인류가 지능을 선택한 이유이기도 했다.

일상생활에서도 예측 지능의 영향을 쉽게 찾아볼 수 있다. 버스나 전철을 탈 때, 도착 알림 서비스가 제공된다. 이러한 서비스가 없었던 지난날, 버스가 도착하기를 목 빠지게 기다려야 했던 때가 있었다. 겨울철 추운 날씨엔 언제 도착할지도 모르는 버스를 기다리며 꽁꽁 언 손발을 동동거리기도 했다. 버스 도착 알림 서비스가 일상화된 지금은 그런 일은 줄었다. 집에서 스마트폰을 통해 버스 도착 시간을 예상하며 움직인다. 예측이 가능할 때 사람들의 행동은 달라진다. 예상되는 상황에 따라 지금 무엇을 해야 할지 결정할 수 있기 때문이다. 내가 타야 할 차가 5분 후에 온다면, 잠시 다른 생각을 해도 되고, 자투리 시간에 책도 읽을 수 있고, 음악을 즐길 수도 있다. 추운 겨울에 밖에서 떨며, 언제 올지 모르는 버스를 더는 초조하게 기다릴 필요가 없다. 따뜻한 방에서 차 한잔을 마실 여유가 생겼다.

미래를 예상하고 상상하는 일은 삶을 그만큼 안전하고 편안하게 만든다. 예측에 능통한 자와 그렇지 못한 자는 삶을 살아가는 데는 물론이요, 성공적 거래를 성사시키는 능력에도 차이가 날 수밖에 없다. 현실만 보고 살 것인가? 예측한 자로 살아갈 것인가? 현실에 갇혀 얽매이지 않고, 상상의 나래를 펼쳐가며 안정적인 삶을 개척할 수 있는 예측 지능의 능통자로 살아가야 할 것이다.

2-2. [원리] 내 몸 안의 자동 예측 시스템

우리가 상상하는 이유

서울 명동 한복판에서 눈을 감고 군중 속을 얼마나 오래 걸을 수 있을까? 아마 몇 발자국도 못 가서 눈을 번쩍 뜨게 될 것이다. 주위를 볼수 없다면 한가한 거리에서조차 제대로 걷기 힘들다. '본다'는 기능은 움직이며 살아가는 데 그만큼 중요하다. 왜 봐야 하는가? 다음 걸음을 이어가기 위한 예측 때문이다.

움직임을 위해서는 매 순간 몸의 감각 기관을 조정하고 제어해야 한다. 걷고 있는 주변 정보의 지속적인 인입이 필요하다. 정보가 차단되면 다음 행동을 사전에 설계하기 어려워진다. 이 경우 뇌지능은 당황하면서 움직임이 머뭇거려질 수밖에 없다. 길을 가다가 생각하지 못한 파인 땅을 밟았을 때 바로 멈칫한다. 예측 지능이 위험을 직감하고 몸에 '동작 그만'을 명령했기 때문이다. 곧바로 발 아래를 보게 된다. 관련한 정보를 다시 입력하기 위해서다. 정보가 확인될 때까지 다음 행동은 없다. 주위 환경이 파악되면 그때서야 움직인다. 움직임의 기본인 걷기조차 예측이 필요하다.

이처럼 우리가 자각하지 못하고 있을 뿐이지, 우리의 모든 행동에는 예측 지능이 관여하고 있다. 예측 지능이 매 순간 작동하는 이유는 부실한 인식 메커니즘에 기인한다. 인지 기능의 태생적 한계 때문에 현재 시점을 인식하는 방법은 추론(예측)으로밖에 할 수 없다. 다시 말하면,

'현재'라는 시점은 예측하여 인식하고 있다는 것이다. 좀 더 명확한 이해를 위해서 인식 메커니즘의 두 가지 문제점을 다음 사례를 통해 확인해 보자.

 인식 메커니즘의 문제와 관련한 하나의 실험을 소개한다. 외부 정보가 눈으로 입력되고, 다시 반응할 때까지의 실제 소요 시간을 측정한 실험이다. 원숭이가 사과를 보고, 그것을 잡으려는 동작까지 걸리는 단계별 경과 시간을 체크했다. 원숭이 뇌의 각 신경 세포 구역마다 전류 체크 막대(탐침)를 꽂아 확인한 사실이다.

 우선 사과를 본 후 사과 이미지가 망막에 처음 맺히는 시간은 약 0.02초(20m/s)~0.04초(40m/s) 정도였다. 이후 정보가 다중 감각 연합 신경 세포 영역에 이르러서야 '아, 사과!'라는 내용으로 인지한다. 0.07초가 더 걸린 후다. 사물을 보고 인지하는 데 소요된 시간은 적어도 0.1초가 필요함을 알 수 있다. 정보가 전두엽을 거쳐 '먹고 싶다. 사과를 집어야겠네.'라는 판단을 하게 된다. 이후 척수를 거쳐 팔에서 손으로 정보가 전달되면서 손을 뻗는 행위까지는 총 약 0.26초가 걸린다. 이 때문에 내가 지금 하는 행동은 찰나이지만 바로 전에 발생한 과거를 바탕으로 예측하고 움직였다고 할 수 있다. 그래서 엄밀히 말하면, 내가 현재 보고 있는 인지 상황도 이미 발생한 과거이다. 우리 지능은 항상 찰나의 과거를 바탕으로 찰나의 미래를 계획해야 하는 상황에 놓여 있다. 지금 달려오고 있는 자동차를 보고 피해야 하는데, 적어도 0.26초보다 더 이후의 상황을 추론해서 대응해야 차와 충돌을 피할 수 있다. 이러한 시간 갭Gap을 예측 지능으로 해결하고 있는 것이다.

우리 인간이 상상 머신일 수밖에 없는 또 하나의 인식 메커니즘이 존재한다. 바로, 시각 체계의 불완전한 기능 때문이다. 시각 기능은 우리 지능이 습득하는 정보의 약 70%를 제공하는 중요한 인식 기관이다. 안타깝게도 시각 기능은 태생적으로 사물을 안정적이며 지속적으로 볼 수 있는 능력이 없다.

우리는 잘 느끼지 못하지만, 나의 눈동자는 끊임없이 움직이며, 눈은 계속 깜빡이고 있다. 이는 사물이 흐리게 보일 수밖에 없으며, 찰나이지만 시각 정보의 유입이 순간 차단되고 있음을 의미한다.

잠을 잘 때(Rem 수면 상태)에도 눈동자가 움직인다는 사실은 널리 알려져 있다. 눈동자가 움직일 때의 문제점은 카메라를 생각해 보면 알 수 있다. 사진을 찍을 때 카메라가 움직이면 사물이 흔들려 보이거나 흐릿해진다. 눈동자도 마찬가지다. 그럼에도 불구하고 우리는 사물을 흔들림 없이 보고 있다. 더구나 눈은 수시로 깜빡거리면서 정보가 순간적으로 차단되지만 그것도 못 느낀다. 깜빡거림을 통해 발생하는 암흑(차단) 현상은 하루에도 약 14,000번 정도 일어난다. 시간으로 따지면 하루 약 1시간 가량의 시각 정보가 차단되는 셈이다. 이런 상황임에도 사물이 끊겨 보이거나 암흑 현상을 전혀 못 느낀다.

이 모든 원인의 중심에는 예측 지능이 있다. 흐릿한 시각 정보나 암전 정보가 유입되더라도 예측 지능이 상상한 정보를 채워 넣고 보정하기 때문이다. 예측 지능은 눈동자의 움직임 때문에 사물이 흔들려 보이는 사실을 이미 알고 있기에, 흔들리는 사물 정보를 선명한 정보로 재가공해서 유통한다. 따라서 인간은 예측 지능이 본능적으로 작동하며 끊임없이 추론하고 꾸며내는 상상 머신이다.

다양한 실험을 통해 뇌 속에서 일어나는 현상을 소개한 책《마인드 해킹》의 저자도 이렇게 말한다.

"뇌는 다음에 무슨 일이 일어날지 끊임없이 예상하고 제때 반응하기 위하여 동작을 미리 계획한다."

그러면서 공항이나 지하철에서 운행되는 무빙워크Moving Walk와 관련한 실험을 소개했다. 무빙워크는 컨베이어 벨트처럼 바닥이 움직여서 보행자가 좀 더 빨리 이동할 수 있도록 돕는 보행 장치다. 실험을 위해 무빙워크를 한 번도 타지 않은 참가자들을 모았다. 무빙워크를 처음 접한 참가자들은 무빙워크 위로 걸을 때 균형을 잡기 위해 자세를 앞으로 숙이며 양쪽에 있는 손잡이에 의지하는 경향을 보였다. 몇 번 반복하다 보니 손잡이를 의지하지 않고도 자연스럽게 걷게 되었다. 무빙워크에서 걷기가 자연스러워진 참가자들에게 새로운 시도를 요청했다.

무빙워크의 작동을 멈춘 상태에서 그 위를 다시 걷게 해 보았다. 그런데 이들의 동작이 좀 이상하다. 한결같이 몸을 약간 앞으로 숙인 채 걷고 있었기 때문이다. 무빙워크가 정지한 사실을 알고 있음에도 자세를 앞으로 숙이고 걷는 부적절한 행동을 보인 것이다. 위의 사례는 의식적인 지식(무빙워크 정지)과 상관없이 예측 지능이 본능적으로 상상 시뮬레이션을 돌리고 있음을 말해 주고 있다. 예측 지능은 실험 참가자들에게 "무빙워크에서는 자세를 앞으로 숙여야 해!"라고 지시하고 있었던 것이다.

예측 지능은 수없이 인입되는 외부 정보를 분석하여 다음에 어떤 행동을 해야 할지 상상하고 시뮬레이션한다. 《뇌, 맵핑마인드》라는 책에서도 다음과 같이 설명하고 있다.

"뇌의 대부분은 확률을 계산하는 컴퓨터와 같으며 우리의 행동은 미래의 상황이 어떻게 될 것인지에 대한 예측에 바탕을 두고 있다."

움직임은 활동해야 하는 동물에게는 절대적인 기능이다. 예측 지능이 자유로운 활동과 움직임을 지원하고 있다. 걷기조차도 예측 지능이 작동하므로, 예측 지능은 우리 삶에 필수적일 수밖에 없다.

예측 지능이 나도 모르게 내 머리를 지배하면서 상상에 익숙한 삶으로 만들어 버렸다. 이러한 인식 메커니즘은 자연스럽게 거래 관계에도 큰 영향을 미친다. 매 순간 작동되는 고객의 예측 지능을 고려하며 거래해야 한다. 거래 상대방의 예측 지능에 희망의 씨앗을 심어 보라. 회의가 끝나기도 전에 이미 싹이 튼 고객의 표정을 보게 될 것이다.

2-3. 창조적 상상력을 거래로 현실화하는 방법

고객 스스로 상상하고 즐기게 하라.

잠시 집중해 보자. 아래 내용에 따라 상상 레몬을 먹어 볼 시간이다.

"노란 레몬 하나가 접시 위에 놓여 있다. 과일칼로 레몬을 4등분으로 조각낸다. 그리고 한 조각을 집어 껍질을 벗긴다. 시큼한 레몬 향이 코를 자극한다. 바로 입에 가져간다. 손가락을 꾹 눌러 레몬즙을 짜낸다. 시큼한 레몬즙이 입속으로 떨어진다. 입안 가득히 신맛이 돈다. 레몬즙에서 느낄 수 있는 신맛이 짜릿하고 시큼하다. "

혹시, 혀끝이 짜릿하거나 침이 고이는 느낌이 있었는가? 실제 먹어 보지 않았지만, 말이나 글만으로도 입가에 침이 고이는 느낌을 줄 수 있다. 지능이 상상하여, 신맛을 느끼고 몸에 침을 내보내라는 지시를 하기 때문이다. 인제대 서울백병원 정신과 우종민 교수는 이러한 현상을 논리적으로 설명했다.

"거짓말이라는 사실을 알면서도 칭찬을 받은 사람과 실제로 칭찬받은 두 부류의 뇌를 분석한 결과, 두 경우 모두 쾌락을 관장하는 동일한 뇌부위가 활성화되었다. "

예측 지능이 강력하게 작동할 경우, 위와 같이 현실과 상상을 구분하지 못하기도 한다. 이러한 현상은 거래 관계에서도 유용하게 활용된다. 보험 영업의 베테랑이 한 인터뷰에서 자신의 영업 노하우를 이렇게 말했다.

"고객을 상상하게 만드는 사람이 진정한 영업의 고수입니다."

　상품을 판매할 때 재료나 디자인, 기능과 같은 상품의 장점을 나열하는 것은 초보 영업 사원이다. 고수들은 제품을 이용한 후의 혜택과 영향 등을 상상하도록 만든다는 것이다. 고객 스스로가 상상을 시작하면 사라고 하기 전에 먼저 제품을 구매하겠다고 하거나, 상품의 주요 재료나 제조 과정 등 복잡한 내용까지 직접 찾아본다는 것이다. 여기에 더하여, 다른 사람들에게 상품을 알리거나 소개하는 등 영업의 순기능이 일어난다고 강조한다.

　이처럼, 거래의 초고수는 상품이 아닌 가치나 혜택을 판다. 가치나 혜택은 눈에 보이지 않는다. 볼 수 없는 대상을 이해시키기는 어렵다. 말로 설명하기도 쉽지 않다. 그렇기 때문에 고객이 상품을 쓰면서 얻게 되는 혜택을 선명하게 그려줘야 한다. 상품 사용 전에 이미 고객의 예측 지능은 그 상품의 혜택에 마음이 가 있다. 고객 스스로 혜택을 상상하며 느끼게 만들어준다면 판매로 이어질 가능성이 그만큼 높아진다.

　거래는 매 순간 상상과 판단이 오고 가는 행위다. 순간적으로 판단해야 하기에 의식적으로 고민할 여유나 시간이 없다. 몸에 체화된 예측 지능이 자동으로 가동된다. 기존에 해왔던 행동 습관, 경험이 어우러지며 예측 지능의 상상과 판단에 영향을 미친다. 몸에 밴 절차대로 다음 동작을 예상하고 짐작한다. 예측 지능은 자신도 모르게 항상 On Air 상태다.

예측 지능의 상상력을 효과적으로 활용하는 방법은 없을까? 방법 중 하나는 고객의 머리에서 이미지화할 수 있도록 예상 효과를 생생하게 묘사하기다. 해당 장면을 떠올리도록 세부적으로 그려 주는 방법이다. 고객의 상상에 날개를 달아 주는 묘사 기술이 필요하다.

이를 잘 보여 주는 광고 한 편을 소개한다. 음식 맛을 돋우기 위해 첨가하는 조미료 광고다. 주부는 음식을 좀 더 맛있게 요리하고 싶어 한다. 이때 빠질 수 없는 양념이 조미료다. 다만 조미료는 인공적인 느낌이 강하다. 우리나라에 조미료가 처음 상품화되었을 때에는 100% 화학 조미료였다. 인공 조미료는 한동안 국민의 식단을 점령해 왔다.

어느 날 조미료 시장에 새로운 개념이 도입되었다. 지금까지 시장을 지배하던 인공 조미료를 상대로 천연이라는 개념을 등장시킨 것이다. 천연 조미료를 표방하면서 출시된 브랜드가 다시다였다. 다시다는 천연 재료인 쇠고기, 파, 마늘 등의 성분을 배합하면서 천연 조미료라는 새로운 카테고리를 만들었다. 천연이라는 차별성. 이것은 보이지도 만져지지도 않는다. 이러한 어려움을 극복하기 위해 천연의 이미지를 고객이 상상할 수 있도록 광고로 만들었다.

다시다는 그 당시 절대 우위의 경쟁 브랜드인 미원을 인공 조미료라고 포지셔닝하면서 차별화를 꾀했다. 광고의 화두는 당연히 천연이었다. 이를 강조하기 위해 고향이라는 콘셉트 중심으로, 농촌과 자연 그리고 어머니, 부모님이 생각나도록 기획하였다. 23년간 농촌의 일상을 배경으로 방영되었던 TV 드라마 '전원일기'에 출현하면서 국민 어머니로 자리매김한 배우를 등장시킨다.

광고가 본격적으로 TV를 타고 전국에 전송됐다. 그리고 고객의 마음속에 고향을 새겨 넣기 시작했다. 카메라는 해산물 등 천연 식재료가 가득한 찌개를 클로즈업한다. 보글보글 끓는 소리에, 김이 모락모락 오르는 냄비. 모델은 국물 한 숟갈을 맛보며 "바로 이 맛이야!"라며 환한 얼굴로 한마디를 던진다. 보는 이로 하여금 자연의 맛을 느끼게 했다. 천연이 가미된 자연의 맛은 대성공을 거두며 시장 점유율을 80%까지 끌어 올렸다.

다시다 광고의 표현력에 대해 마케팅 컨설턴트 신병철 박사는 다음과 같이 설명한다.

"고향의 맛과 조미료는 한 번도 만난 적이 없는 내용물이었습니다. 원래는 아주 이질적인 내용이지요, 어떻게 조미료가 고향의 맛을 표현할 수 있겠습니까? 그런데 이러한 관계가 멋지게 해소되었습니다. 보글보글 끓는 된장찌개에 다시다를 조금 넣습니다. 그러면 조개가 탁하고 터집니다. 그리고는 이런 멘트가 나옵니다. '그래, 이 맛이야, 고향의 맛, 다시다.' 제품의 사용 상황이 멋지게 표현되었습니다."

미국의 유명 작가 겸 세일즈맨인 엘머 휠러Elmer Wheeler는 고객이 상상할 수 있도록 생동감 있는 세일즈 언어를 사용해야 한다며 다음과 같이 얘기했다.

"스테이크를 팔지 말고, 지글지글을 팔아라! Don't sell the steak, sell the sizzle!"

스테이크가 불판에서 맛있게 익으며, 구수한 냄새와 지글지글 익는 소리를 고객에게 전달하기만 하면, 고객의 심상에 촉촉하게 잘 익은 스테이크를 불러일으키고, 고객이 식욕을 느끼며 구매하게 될 것이라는 주장이다. 고객이 느끼는 상품의 효용성은 가치다. 찌개를 떠먹고, 스테이크를 씹으며 얻는 것은 맛이라는 효용이다. 이런 가치를 제대로 느낄 수 있는 맛깔나는 표현을 고객에게 선사해야 한다.

자동차 딜러가 고급 자동차를 판매할 때도 마찬가지다. "고객님의 품격을 높여 드릴 것입니다!"라는 멘트보다, "이 차를 타시고 호텔로 들어서는 순간, 벨보이가 달려와 더욱 정중하게 인사하고, 고객님을 VIP로 모시며 안내하게 될 것입니다."가 더 구체적이다.

물건을 팔지 않는다. 상상을 판다. 고객이 스스로 상상하게 하라. 예측 지능에 생생한 이미지를 각인시켜라. 고객에게 상상이 심어지면, 제품이 고객의 SNS로 전달되고, 유튜브에 실리며, 블로그를 타고 퍼지게 될 것이다. 이러한 행동은 제2, 제3의 고객 상상을 자극하고, 또 다른 고객이 되어 나를 찾아올 것이고 곧 나의 수익과 재산이 될 것이다.

창조적 상상을 현실화하는 세 가지 방법

상품을 제대로 팔려면, 고객이 상품의 혜택을 느끼고 상상하게 만들어야 한다고 했다. 상상이든 현실 인식이든 이 모두는 고객이 하는 사고 행위다. 고객 스스로 상상하는 수준까지 이르면, 현실화가 뒤따라야 한다. 현실 인식도 고객의 몫이다. 고객의 상상을 구체화함으로써 구매로 쉽게 이어지게 해야 한다. 그렇다면 어떻게 상상을 현실화할 것인가? 세 가지 포인트로 그 방법을 소개한다.

먼저, 상상으로 흥분된 고객의 뇌리에 이론적 근거를 더해 주는 작업이 필요하다. 근거를 보여 주는 방법 중 하나가 상품 혜택의 결과를 구체적으로 제시하기다. 다이어트 식품을 복용한 고객의 체중 감량 수치를 보여주는 것이 그 예이다. 뚱뚱했던 고객이 다이어트 식품을 복용 후 몇 kg이 빠졌다는 결과를 보여 준다. 여러 사람이 감량했다는 객관적 사례만 잘 전달해도 효과가 있다. 다만, 단순히 결과 보여 주기로만 끝나면 구매 행위까지 연결되지 못할 수 있다. 여기에 추가하여, 예측 지능이 더는 의구심을 갖지 않도록 논리적 풀이를 더해 줘야 한다. 왜 이런 효과가 날 수 있는지에 대한 이론적 풀이를 추가로 제시하는 것이다.

한때 초등학생 사이에서 가구家具 구분에 혼란을 야기했던 광고가 있었다.

"침대는 가구가 아닙니다. 과학입니다."

한 침대 브랜드의 이 카피는 유행어가 됐다. 이 광고 때문에 초등학교 저학년 중에는 침대가 가구가 아니라는 혼란이 생겨 교육청에서 광고 문안을 변경해 달라는 요청이 있었다고 한다. 이 광고가 나간 이후, 해당 침대의 매출은 폭증했으며 시장 점유율도 급신장했다. 해당 제조사는 국내 최고의 침대 가구 브랜드로 성장하였다.

'침대와 과학'이라는 서로 다른 이질적인 단어들이 고객의 상상에 어떻게 안착하게 되었을까? 두 단어의 사전적 의미는 전혀 다르다. 표면적으로는 상관없어 보이는 두 단어의 관계를 묶기 시작했다. 침대라는 가구에 과학을 접목하기 위해 침대의 과학적 요소를 찾아낸 것이다. 침대의 용도는 수면 기능이 핵심이다. 편안한 수면을 위해서 기능을 세부적으로 분석해 보면 뇌파, 체온, 스프링 강도, 체중, 압력 등과 같은 과학적인 요소가 존재한다. 이러한 침대의 과학적 요소들을 논리적으로 보여 주면서 '침대는 과학'이라는 설명을 이어 갔다.

하얀 가운을 입은 연구자들을 광고에 등장시키는가 하면, 회사 내에 침대 공학 연구소까지 운영하면서 과학적인 설계로 침대가 제작된다는 점을 강조했다. '침대는 과학'이라는 막연한 상상에 논리적 현실감을 지속해서 더해 갔다. 이로 인해 고객의 심상에는 "과학적으로 만들었으니 편안하게 잘 수 있겠네!", "침대도 과학적으로 만들어야 몸에 좋겠지!"라는 생각이 서서히 자리 잡게 됐다. 이러한 접근법은 해당 브랜드의 신뢰도와 품질의 차별화를 만드는 데에도 한몫하였고 고스란히 매출로 이어졌다.

논리적 풀이가 잘 맞아떨어지는 또 다른 히트 상품이 있다. 한때 1초당 7개가 팔려나갔다는 국민 유산균 '헬리코박터 윌'이다. 그때까지만 해도 유산균은 장 건강에 좋은 제품이었는데, 위에도 좋은 유산균이라는 콘셉트를 더해 시장 확대를 노린 것이다.

"위까지 생각한 발효유, 윌"이라는 슬로건을 내걸며 위에 기생하면서 위염과 같은 소화기 질병을 유발하는 헬리코박터균을 억제하는 기능을 첨가했다고 강조했다. 문제는 그 당시, 국민 대다수가 헬리코박터

균이라는 존재나 개념 자체를 모르고 있었다.

제품 이름에 '헬리코박터'라는 균 이름을 넣고, 인체(위)에 어떻게 해로운지를 논리적으로 함께 알리기 시작했다. 예컨대, 최초로 헬리코박터균 배양에 성공하고 노벨 생리학상을 수상한 베리 마샬Barry J. Marshall 박사를 광고 모델로 출현시킨다든지, 한국 성인의 약 70% 이상이 이균에 감염되어 있다는 내용을 알려 주고, 강한 위산이 분비되는 위에서도 번식하는 생명력 강한 유해균임을 알렸다. 상품 홍보는 의도대로 적중하여 출시 후 16년 동안 30억여 개 이상을 판매하며 발효유 제품군에서 굳건한 1위를 수성할 수 있었다.

제품의 긍정적 호감은 구체적인 사실이나 논리적 설득으로 더욱 강화된다. 상상을 현실화하기 위해 고객의 예측 지능이 이해할 수 있는 논리적 근거를 더하라!

두 번째 방법은 고객의 기대에 맞게 서비스를 제시하는 것이다. 이는 고객의 예측 지능을 거스르지 말아야 함을 의미한다. 거래가 이루어지는 시장에서도 예측 지능이 지배하는 일련의 기대와 상상이 있다.

자동차 브랜드에 대한 고객의 기대감이 있다. 볼보Volvo는 튼튼하고 안정적인 느낌이 있고, BMW는 멋진 주행을, 페라리Ferrari는 엄청난 스피드로 달리는 모습을 기대하게 된다. 이러한 기대에 맞게 볼보는 차량의 각진 외형 디자인을 통해 튼튼함을 의식적으로 보여 주고 있다.

볼보는 차량의 장점을 설명할 때도 안정성을 강조한다. 예컨대, 어댑티브 크루즈컨트롤Adaptive Cruise Control 기능이 있다. 운전할 때 주위의 다른 주행 차량과 거리, 속도 등을 자동 계산하여 적정 거리를 유지하도록 지원해주는 기능이다. 충돌 가능성이 있으면 경고음을 보내 주고 그래도 조치가 안 되면 차량을 자동으로 멈추게 할 수도 있다. 안전성을 강화한 이러한 장치는 볼보를 찾는 고객의 상상을 충족시키고 있다.

세계 최대 SNS 기업인 페이스북의 고객은 무엇을 바라고 있을까? SNS 서비스 이용자들은 서로 간 소식과 정보를 주고받으며 인맥을 형성한다. 고객들은 지인과의 정보 교환에 도움을 주는 서비스를 기대하고 있을 것이다. 이에 발맞춰 창업자 마크 저커버그Mark Zuckerberg는 한 강연에서 페이스북의 핵심 가치에 대해 "세상 모든 사람의 연결을 돕는 것"이라 말했다. 이와 같은 철학으로 페이스북은 페이스북 메신저를 개발했으며, 또 다른 모바일 메신저 왓츠앱을 인수하여 무료 서비스로 내놓았고, 사진 및 동영상 공유가 쉬운 인스타그램을 인수하여 각 서비스간 시너지를 낼 수 있는 전략을 구사하고 있다. 이처럼 세계적 선두 기업은 고객의 기대에 부응하거나, 한발 앞서 고객의 기대를 창조적으로 리드하고 있다.

아마존도 고객의 상상을 현실화하는 회사 중 하나다. 인터넷 서점으로 시작된 사업은 이제 4억 개가 넘는 제품을 취급하는 에브리띵 스토어가 되었다. 세계 최대 온라인 전자상거래업체답게 고객의 예측 지능에 부합하는 사업을 지속 확대 중이다. 아마존은 '1 Click, Single View Interface'를 모토로 원하는 것을 편하고, 저렴하게 구매할 수 있도록 서비스 개선에 노력하고 있다. 디지털 기업답게 전자책 킨들을 출시하여 전자책 시장을 선도하고 있으며, 빅데이터로 고객 성향을 분석하여 적절한 제품을 안내하고, 인공 지능 알렉사를 자동차, 가전제품에 연결하여 고객 접점을 무한히 확장하고 있다. 여기에 물류 과정의 자동화로 배송 기간을 단축하고, 온라인에 데이터를 저장하고 콘텐츠를 사용하는 클라우드 컴퓨팅 서비스도 선도적으로 제공하고 있다. 이 정도면 고객의 기대를 충족하는 서비스 제공을 넘어, 고객의 상상을 창조적으로 리드하는 기업이라고 할 수 있다.

고객의 기대에 부응함은 물론이요, 고객의 예측을 뛰어넘는 창조적 리드로 고객에게 감동을 줘야 한다. 고객의 상상을 창조적으로 리드하는 전략이 상상을 현실화하는 최선의 해결책임을 잊지 말자.

셋째, "혜택을 쇼Show하라는 주문"이다. 유명한 심리학 이론인 플라시보 효과Placebo effect가 있다. 약리 작용이 없는 비타민을 처방하여 우울증도 고친다는 위약 효과를 말한다. 의사 선생님의 신뢰가 바탕이 되어 병이 완치될 것을 기대하고 복용하면 효과를 본다는 이론이다. 고객으로부터 신뢰를 얻으면 기대가 현실이 될 수가 있다는 의미다. 그렇다면 고객이 제품에 대한 신뢰를 갖게 만드는 방법은 무엇일까? 그 방법 중 하나는 혜택의 결과를 직접 보여 주고 시연해 주기이다.

화장품 광고에서 자주 사용하는 기법이다. 모델 이미지를 통해 나도 그렇게 되리라는 기대감을 심어 주는 전략이다. 배우 임수정은 '동안 미모', '최강 동안', '방부제를 머금은 여자'라는 별명을 갖고 있다. 이러한 이미지 때문에 수년째 동일 화장품 브랜드 모델로 활약 중이다. 광고 장면 역시, 그녀의 촉촉한 피부를 클로즈업하고 있다. 그녀의 멘트가 이어진다.

"에센스 한 병을 다 쓰기도 전에, 피곤하면 칙칙해졌던 피부가 푹 자고 난 것처럼 맑아지는 거예요!"

소비자들은 그녀의 깨끗하고 건강한 피부에 호기심을 갖고 있다. 나이와 상관없이 동안을 유지하는 모습에 부러운 마음이다. 자연스럽게 그녀가 무슨 화장품을 사용하는지도 궁금해한다. 소비자들은 모델이 홍보하는 화장품을 사용하면 자신도 어느 정도 효과를 볼 수 있다는 기대가 있다. 고객의 기대에 현실감을 더하기 위해 적합한 홍보 모델을 내세우는 이유다.

고객이 상상한 기대를 현실화하기 위해서는 눈에 확 띄는 증명이 필요하다. 최고의 전략가 스티브 잡스도 이러한 원리를 잘 알고 사용한 방법이 "Let me show it"이다.

아이폰을 출시할 당시, 무대 중앙 화면에 아이폰을 연결해서 자신이 아이폰을 작동하는 장면을 그대로 볼 수 있게 했다. 아직 아이폰이 어떤 것인지 모르는 고객에게 자신의 손가락으로 아이폰을 켜고, 잠금 화면을 해지하는 방법을 직접 시현했다.

"자 여기 보세요, 휴대 전화가 잠겨 있죠. 내가 손가락으로 잠금 버튼을 화면 끝으로 밀면 ~~."

잡스의 행동 하나하나가 무대 중앙 화면에 실시간으로 중계됐다. 관중들로부터 박수가 나올 수밖에 없었다. 그들의 예측 지능이 계속 현실화되고 있었기 때문이다. "다시 보고 싶으세요?" 중요하다고 생각하는 기능은 한 번 더 보여 준다. 관중들의 환호는 계속 이어진다. 잡스가 프레젠테이션의 많은 부분을 기능 시현에 할애한 이유는 명확하다. 관중들의 예측 지능을 좀 더 현실화하기 위함이다. 사용 방법을 직접 보여 주는 일이 고객의 마음속에 제품을 각인시키고 구매 행동까지 유발한다는 사실을 잘 알고 있었기 때문이다.

고객의 기대감을 구매로 연결하기 위해서는 현실감이 필요하다. 현실감을 잘 전달하는 방법은 논리적 이론을 더해 주거나, 기대에 호응하고 직접 눈으로 보듯 효과를 제시하는 방법이 있다. 소심한 월터가 짝사랑하는 연인에게 상상 속에서만 멋진 모습을 보이다가, 실제 삶에 적용하면서 현실이 된 것처럼, 고객이 사용했을 때의 효과를 다양한 방법으로 현실화시켜 주는 것만큼 믿음과 신뢰를 주는 방법은 없다. 이러한 과정이 많아질수록 구매는 정표의 관계로 커지게 될 것이다.

동사로 제시하라.

어떻게 하면 거래에서 예측 지능을 잘 활용할 수 있을까? 이 방법 중 하나는 '명확한 행동 지침 제시하기'가 있다. 이러한 활용 방법과 관련하여 효율적 메시지 전달 방법을 알려준 《논리적인 글쓰기》의 저자 바바라 민토Babara Minto의 주장을 들어 보자.

그녀는 글로 메시지를 전달할 때는 두 가지 형태로 정리하라고 주장한다. '무엇에 대한 것'이거나 '무엇을 하라'가 그것이다. 모든 메시지는 이 두 가지 형태 중 하나여야 한다는 설명이다.

부연하자면, 독자에게 전달하려는 메시지는 '무엇'에 대한 상황이나 정의를 설명하거나, '어떤 행동을 하라'는 행위에 대한 권면이어야 한다. 특히, '무엇을 하라'를 강조했는데, 타당성이나 설득 논리로 행동을 유발하라는 주문이다. 어떤 행위의 결과로 얻어지는 기대나 성과 중심으로 기술하라는 조언이다.

누군가에게 어떤 내용을 전달할 때, 궁극적으로는 청자의 이해나 행동을 바란다. 거래를 완료하기 위해서는 결국, 상대방을 구매로 이끄는 메시지를 던져야 한다. 상대방의 예측 지능은 도래할 상황에 대한 대응 행동을 무의식 중에 예상하기 때문에 '무엇을 하라'라는 '동사 형태의 제안'이 적절하다.

삼성전자에 근무하면서 꼴찌 조직을 1등으로 만들어 '미다스의 손'이라 불린, 전옥표 소장은 유난히 '행동'을 강조하는 인물이다. 그는 좋은 생각, 멋진 계획보다 어떻게 실행할 것인가가 더 중요하다고 말한다. 예측 지능의 행동 예상 능력을 잘 활용한 인물이다.

한번은 삼성전자에서 고객 만족도가 부진한 조직을 맡게 되었다. 여러 데이터와 현황을 분석한 결과, 현장 영업 사원들의 상품 설명 수준이 떨어진다고 판단하고 이를 개선할 해결책을 고민하였다. 그 방법 중 하나로, '고객 상품 설명 5대 원칙'을 정하고 이를 영업 조직에 배포했다. '알기 쉬운 용어 사용', '타사 제품 비교 설명하기', '실제 작동하면서 설명하기' 등이다. 이제 교육을 통해 현장 영업 사원들이 적극적으로 실행하면 될 일이었다.

전 소장은 일반적인 교육으로는 고객 응대 관행이 바로 바뀌지 않을 것으로 생각했다. 고민 끝에 방법을 강구해냈다. 상품 설명 5대 원칙을 적은 팔찌를 제작하여 착용하게 한 것이다. 남자도 좋아할 만한 디자인과 건강에 도움이 되는 바이오 팔찌였다. 건강 바이오 팔찌에 5대 행동 원칙을 빼곡히 적어 넣었다.

전 소장은 직원들에게 팔찌를 나누어 주면서, 딱 한 가지의 행동 지침만 강조했다. "고객과 상담할 때에는 무조건 건강 팔찌를 보세요!" 단순한 요청 사항이었다. 그냥 "팔찌만 볼 것"이라는 행동 지침이었다. 그 후로 현장 직원들은 고객이 오면 팔찌를 슬쩍 보게 됐다. 자연스럽게 5대 원칙이 눈에 들어왔다. 간단한 행동 지침은 현장 직원의 예측 지능을 반응하게 했다. 어떤 판매 사원은 팔찌를 보기만 해도, 5대 원칙이 떠올랐다고 한다.

한 달이 지났다. 놀랍게도 꼴찌 조직이 고객 만족도 조사에서 1등을 차지하게 된다. 판매 순위도 올랐다. 현장 조직의 분위기가 완전히 바뀌었다. 행동을 제시하고 동사로 제안하는 힘이 얼마나 강한지를 보여준 사례다.

원하는 행동을 교육하는 방법으로, 능숙한 조교의 시범이 있다. 이를 모티브로 광고 한 편이 제작되었다. 배경은 부대 훈련소. 훈련생이 기다리고 있는 곳에, 한 여성 모델이 조교 복장을 하고 등장한다. 아이스크림 하나를 손에 들고 어떻게 먹는지 시범을 보여 주겠노라고 말한다.

"먼저, 밑 뚜껑을 딴다.(훈련생들은 "딴다"라고 복창한다). 숟가락 나오지! 숟가락을 써라."

숟가락으로 떠서 먹으라는 의미다. 조교의 시범은 계속된다.

"다음, 위 뚜껑을 딴다. 아이스크림 나오지, (입으로) 부드럽게 먹는다."

아이스크림을 먹는 방법을 가르쳐 준다고 했지만, 광고의 메시지는 직접 사서 먹으라는 강력한 권고다. 예측 지능을 자극해서 행동하게 만드는 메시지를 담았다.

요즘 광고에서도 행동을 권고하는 포인트는 여전히 활용된다. 유통 회사인 신세계에서 온라인 쇼핑몰 SSG닷컴을 론칭했다. 쇼핑몰 호칭을 '쓱닷컴'으로 정하면서 광고를 통해 관심을 끌기 시작했다.

여자 모델이 "영어 좀 하죠? 이것 읽어 봐요." 'SSG'라고 쓰인 영문자를 보여 준다. 남자 모델이 그 단어를 빤히 쳐다본다. 그리고는 "쓱 ~"이라고 읽는다.

"(영어) 잘하네!"

쇼핑몰 이름을 의태어로 작명하면서 움직임을 강조했다. 물건을 고르고 카드로 '쓱 긁는다'라는 동작어를 연상케 한다. '쓱, SSG닷컴'. 고객에게 전달하는 메시지는 명확하다. '사라'다. '사라'는 행동을 권면하면서 고객의 예측 지능에 계속 어필한다.

쓱 광고는 다양한 상황에서도 흔들림 없이 동사로 제안하는 틀을 유지하고 있다. 여자 모델이 창문을 닫으면서 "어휴 추워, 코트 하나 '쓱' 해야겠어요."라고 말한다. 듣고 있던 남자 모델. "사는 김에 김치도 '쓱' 하세요."라고 맞장구친다.

이를 시작으로, "싼 거 ~ 쓱, SSG닷컴", "오전에 장 보면, 오후에 '쓱' 배송", "사고 싶은 모든 것을 앱 하나로 '쓱' SSG닷컴" 등 일관성 있는 메시지로 구매 행위를 강조하고 있다. 쓱닷컴의 좋은 점, 편한 점이 아닌 "고객님 좀 사세요!"라는 궁극의 목적에 직접 어필하는 전략이다. 예측 지능을 재치 있게 활용했다.

행동을 강조하지 않아도 예측 지능은 움직임에 민감하게 반응한다. 단순한 자극에도 행동이 유발되기 때문이다. 예컨대, 길을 걷다가 발아래 빈 맥주 캔을 보았다고 하자. 마침, 주위엔 사람도 없다. 여러분이라면 어떻게 하겠는가? 발로 차거나 갑자기 누군가 생각나기라도 한 듯 꽉 밟아 찌그러뜨리지 않을까! 특정 물체는 보는 것만으로도 예측 지능을 작동시켜 움직임을 유발한다.

이러한 행동 원리는 행동주의 심리학자 제임스 깁슨James J. Gibson 교수가 연구하였다. 그는 1977년 '물질'을 보고 '움직임'이 유발되는 행동 원리를 주장하게 된다. 이 이론을 물체의 행동 유발성Affordance이라 한다. 행동 유발성이란 '어떤 형태나 이미지가 행동을 유도하는 현상'을 말한다. 어떤 물체는 특정한 행동과 연관되어 그 물체를 보기만 해도 특정 행동을 유발한다. 운동장 옆에서 놀다가 당신 앞으로 축구공이 굴러오면 대부분 발로 차서 되돌려 주려 한다. '공'이 무의식적으로 '차는 행동'을 유발했다. 자동차 핸들은 어떤가? 핸들을 잡게 되면 자연스럽게 돌리게 된다. 공원에 설치되어 있는 '양어깨 돌리기'라는 운동 기구가 있는데 딱히 사용법을 익히지 않아도 된다. 누가 알려 주지 않아도 주민들은 익숙한 동작으로 핸들을 돌려댄다. 예측 지능이다.

축구공   자동차 핸들   양 어깨 돌리기(운동기구)

[그림 2] 물체의 행동 유발성

예측 지능이 갖고 있는 '찰나적 미래 예상'은 주변 일상생활에서 쉽게 접할 수 있다. 현관문이 보이면 우선 밀어 본다. 문에 손잡이가 있다면 자신도 모르게 돌려 본다. 보통 오른쪽으로 돌린다. 나사를 조이거나 문을 열 때 돌리던 습관 때문이다. 구체적인 설명 없이도, 단서만 보여줘도 예측 지능이 작동한다. 예측 지능의 힘은 전달하는 사람의 의도보다도 더 폭넓고 강력하게 작동한다.

거래의 목적은 무엇인가? 팔기 위해서다. 그러기 위해서는 고객을 움직이게 만들어야 한다. 고객의 결정을 끌어내야 한다. 거래는 고객이 상품을 품에 안고 매장 문을 나서게 하는 행위이고, 빼곡히 적힌 매매계약서에 사인하게 만드는 작업이다. 거래의 고수로서 예측 지능의 특징과 효과를 잘 활용하는 기술은 아무리 강조해도 과하지 않다. 고객과의 거래에서 깔끔한 클로징을 고민하라. 동사로 제안하는 지능적 멘트를 만들라. 이를 통해 자신만의 예측 지능 활용 스킬을 기르라. 이젠 당신이 고객을 움직일 차례다.

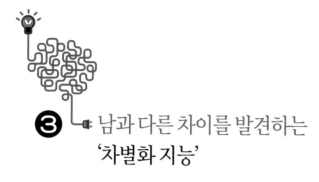

③ 남과 다른 차이를 발견하는 '차별화 지능'

3-1. 거래의 일반적인 특징

세상 모든 것은 차별화가 가능하다.

역사학자 제러미 블랙Jeremy Black 교수는 "인류 문명은 인간 적응력의 산물"이라 했다. 인류는 척박한 환경에서 놀라운 적응력으로 문명을 꽃피웠다. 환경에 적응했다는 의미는 주위 환경을 제대로 파악하고, 분별하여 잘 대응했음을 뜻한다. 어떤 대상을 정확히 확인하고, 구분하는 능력은 매우 중요하다. 생존 여부가 달린 문제이기 때문이다.

원시 밀림 시대에는 다가오는 상대가 포식자인지 나의 저녁 먹잇감인지를 즉시 파악해야 생존 확률이 높았다. 잠깐 봤던 포식자라도 확실하게 기억해 내고 피해야 할 대상으로 분류해서, 다음부터 더 빨리 대처해야 안전했다. 약육강식의 환경에서 먹을 수 있는 것과 피해야 할 것을 잘 구분하는 능력이야말로 살아남는 길이었다.

환경을 잘 파악하고 분별하는 능력은 인간의 타고난 본능이다. 갓 태어난 신생아에게 친엄마의 양수와 다른 엄마의 양수를 동시에 제시했을 때, 실험 대상 신생아의 90%가 친엄마의 양수로 고개를 돌린다거나, 울던 신생아에게 출산 전 엄마의 자궁 속 소리를 들려주면, 울음을 멈추고 안정을 취하는 반응이 그렇다.

생존을 위해 부모 분별하기는 타고난 능력이다. 특히, 얼굴 인식 능력은 인류 사회가 발달하고, 인간관계가 복잡해지면서 중요한 기능이 되었다. 표정이나 제스처를 보고 상호 관계를 잘 파악하여 대응할수록 사회적 지위를 바꿀 가능성이 크기 때문이다.

얼굴 인식 능력이 중요하기 때문에, 이 일에는 전문 신경 세포들이 관여한다. 한 실험에 의하면 특정 시각 신경 세포는 가위나 건물 같은 사물을 볼 때보다 사람을 볼 때 더 강한 반응을 보인다고 한다. 얼굴을 볼 때, 전문 시각 신경 세포들이 활발하게 작동하면서 더 세밀한 정보를 받아들이고, 기존 얼굴 정보와 비교하여 작은 차이도 식별할 수 있다. 이 때문에 사람은 타인의 얼굴 생김새를 능숙하게 구분해 낸다. 중요하다고 생각하는 정보는 좀 더 자세하고 명확하게 기억하였다가 생각이나 판단에 활용하는 경향 때문이기도 하다.

환경을 파악하거나 사물을 구분하는 것과 같이 서로 다름을 판단하는 행위는 중요한 인지 능력이다. 차이를 본능적으로 분별하는 능력은 차별화 지능을 통해 수행된다. 사람마다 세부 정보를 저장하고 기억하는 차이 때문에 차별화 지능의 작동 결과도 사람마다 다르게 나타난다.

예컨대 동일한 칼 한 자루를 놓고 요리사와 강도, 칼 가는 사람이 바라보는 칼의 개념은 다르다. 자신이 처한 경험이나 상황이 다르기 때문이다. 같은 학교, 같은 모임에서 몇 년을 같이 보낸 친한 친구들도 서로 생각이 다르다. 쌍둥이조차 생각이 같지 않다. 동일 조건, 같은 제품을 이용하면서도 사람들의 반응은 한결같지 않다. 차별화 지능은 모든 상황, 모든 대상에게 서로 다르게 작용하고 있다.

이러한 지능의 특성을 반영하여 마케팅 전략가 잭 트라우트Jack Trout는 다음과 같이 말했다.

"세상 모든 제품은 차별화가 가능하다."

현대 마케팅에서 차별화는 여전히 중요한 화두다. 기술의 평준화로 제품 간 품질 차이가 줄어들면서 차별화의 필요성은 더 부각되고 있다. 여기에 더하여 제품이나 서비스도 과잉이다. 국내 대형 할인점 한 점포에서만 취급하는 상품의 종류가 8만여 종에 이른다. 브랜드만 다른 비슷한 제품이 진열장을 가득 메우고 있다. 소비자들은 선택의 고민에 빠져들곤 한다.

여기서 잠깐, 마케팅에서 다루는 차별화의 개념을 살펴보자.《차별화의 법칙》을 저술한 홍성준 박사는 그의 책에서 차별화는 경영 전략의 하나이며 경쟁사와 다른, 의미 있고 독특한 가치를 제공해 주는 것이라고 정의했다. 그는 스와치의 사례를 소개하며 어떠한 상황에서도 차별화가 가능함을 알려 주고 있다.

시계는 제작 기술의 발달과 대량 생산 체계 때문에 누구나 이용하는 일상 생활용품이 되었다. 시간 알림이라는 핵심 기능은 값싼 일반 시계로도 충분히 만족스럽다. 여기에 휴대 전화가 등장하면서 손목 시계의 필요성까지 논란이 되었고, 사양 산업으로 분류될 지경에 이르렀다. 이러한 시장 상황에서 스와치는 시계에 대한 새로운 정의를 내리게 된다.

"시계는 시간을 알려 주는 정밀 기계가 아니라, 하나의 패션이다!"

슬로건에 맞춰 스와치는 패션 브랜드의 영업 전략을 도입한다. 시즌별로 나누어 일 년에 두 번씩 컬렉션을 개최하면서 신제품을 출시했다. 그해의 유행과 감성에 맞는 최신 디자인 제품을 주기적으로 선보였다. 패션 디자이너나 유명인도 동원했다. 세계적인 건축 디자이너인 알레산드로 멘디니Alessandro Mendini를 비롯해 비디오 아트 작가 백남준, 팝 아티스트 키스 해링Keith Haring 등 거장들이 참여하여 패션 시계 장르를 창조해 나갔다. 이러한 노력의 결과로 시간을 알려 주는 단순한 기계에서 자신의 몸을 장식하는 패션 액세서리로 시계의 인식을 바꿀 수 있었다.

패션을 가미한 전략은 고객을 매장으로 불러들였고 스와치 마니아를 낳았으며 스와치 잡지, 한정판 스와치 경매 사이트도 등장시켰다. 새로운 팬덤Fandom이 형성된 것이다. 스와치는 개개인의 스타일을 돋보이게 하고 이용자의 지위와 옷맵시도 표현해 주는 생활 기기로 거듭나게 됐다.

차별화 지능은 다양성과 서로 다른 차이에 민감하게 반응한다. 내가 가진 영업 조직, 프로세스, 인프라를 활용하여 어떠한 포인트를 강조하고 특화하냐에 따라 차별화가 달라진다. 남을 모방하기보다는 내가 가진 특징을 확실하게만 해도 차별화가 가능하다. 나만의 강점을 살리고 키워 보라. 고객의 차별화 지능이 반응할 것이다. 현대 마케팅에서 차별화가 여전히 중요한 과제로 다뤄질 수밖에 없는 이유다.

3-2. [원리] 기억의 정보 처리 메커니즘

인간이 다름을 인식하는 방법

모든 대상에 차별화가 가능한 이유는 우리 인간이 갖는 기억 체계의 특성 때문이다. 생존을 위해 인간은 빠른 판단력이 필요했다. 이를 위해서 유입되는 정보를 바로 분류하고 구분할 줄 알아야 했다.

EBS 다큐프라임, '공부의 왕도'에서 기억력과 관련한 실험이 진행되었다. 참가자는 유수의 대학에 재학 중인 학생들이다. 공부에 대해선 내로라하는 실력자들이다. 이 대학생 그룹에게 단어 또는 그림이 그려진 100개의 카드가 화면을 통해 제시됐다. 2초에 하나씩 무작위로 화면에 표시되었다가 사라지는 방식이다. 참가자는 잠깐 보고 그 내용을 기억해야 했다. 복잡한 정보가 한꺼번에 제시될 때, 정보를 얼마나 정확하게 기억할 수 있는지를 테스트하는 실험이었다. 참가자들은 뚫어져라 화면을 응시했다. 다른 한쪽에서는 37명의 일반 중학생들에게 똑같은 방식으로 실험이 진행되고 있었다.

실험 결과가 나왔다. 중학생 그룹은 100개 중 평균 23개의 카드를 기억해 냈다. 반면 대학생 그룹은 평균 46개를 기억했다. 중학생들보다 약 2배나 많은 수치다. 대학생 그룹이 제출한 답안지를 확인하고 나서야 그 이유를 알 수 있었다. 대학생 그룹의 답안지에는 카드 내용이 '분류'되어 있었던 것이다. 예컨대, 제시된 카드 내용에 강 이름이 있다면, 강의 이름(세느강, 라인강, 북한강…)을 분류해서 같은 라인에 답을 적는 식이었다. 다른 줄에는 악기류(첼로, 드럼, 바이올린…)를 묶어 적어 내려갔다. 같은 부류끼리 카드 이름을 분류하여 답안지를 작성했다. 무언가를 저장할 때 '구분할 수 있는 항목'을 기준으로 분류한 것이다. 비슷하거나, 뜻이 통하는 것을 서로 묶어 기억하고 있었다. 나이를 먹을수록, 지능적일수록 분류에 능숙해진다. 급변하는 환경과 복잡한 사회 생활에 상대적으로 잘 적응하는 사람들일수록 그렇다.

하나의 사물을 부분으로 나눠 구분하려는 특성도 존재한다. 예컨대, 식탁에 주전자가 놓여 있다. 그 주전자를 종이에 그려 달라고 하면 대부분은 주전자의 주둥이, 뚜껑, 몸체 그리고 손잡이를 구분하여 그린다. '주전자'라는 단어를 생각할 때 주둥이와 손잡이 같은 구성 요소가 자연스럽게 떠오른다. 자동차, 컴퓨터, 책상 등 모든 사물을 인식할 때도 마찬가지다. 각 대상은 전체 개념(컴퓨터)과 부분(본체, 모니터, 키보드, 마우스 등)으로 나뉜다. 이처럼, 우리의 차별화 지능은 어떤 대상이나 사물을 구체적으로 인식할 때, 대상을 본능적으로 구분하고 세부적으로 분류하는 특성이 있다.

이런 식의 분류가 가능한 이유는 신경 세포가 사물을 인식할 때 정보를 받아들이는 수준과 연관이 깊다. 신경 세포가 받아들이는 외부의 정보는 우리의 상식과 다르게 아주 미세한 정보까지 수집하여 전달하기 때문이다. 다만, 우리는 인지 과정에서 세밀한 정보들이 걸러지고, 흡수되어 최종 인식 단계까지 도달하지 못할 뿐이다. 다음에 소개되는 시각 정보의 사례를 통해서 외부 정보가 유입되는 방식과 단계적으로 인식이 어떻게 처리되는지 확인할 수 있을 것이다.

지금, 우리가 어떤 특정 사물을 보고 있다면, 그 시각 정보는 눈을 통해 망막을 거쳐 시각 신경 세포로 전달되고 있을 것이다. 이때 가장 먼저 1차 시각 피질(신경 세포) 영역Primary Visual Cortex에서 정보를 받는다. 이 단계에서는 모양 전체를 조합하지 않고 물체의 선분을 인식하는 수준이다. 아주 낮은 수준의 인식 단계이다. 예컨대, 선분의 기울기, 모서리 등을 식별한다. 이 단계의 신경 세포들은 물체의 모서리가 수직으로 보일 때 반응하는 세포가 있는가 하면, 어떤 세포는 수평의 선분 모양일 때 가장 잘 반응한다.

초기 시각 정보는 물체의 미세한 정보까지 파악함으로써 세밀한 차이를 구분하도록 돕는다. 이러한 시각 정보가 다음(상위) 단계의 세포들, 예컨대 V2, V3, V4 신경 세포를 거치면서, 선분의 움직임, 각각의 색깔, 전체의 윤곽선 등을 파악하게 된다. 상위 시각 피질로 진행될수록 정보의 내용은 점차 명확해지면서 사물이 무엇인지를 비로소 인식하게 된다.

과학잡지 뉴턴Newton의 '뇌와 마음의 구조'편에서는 물체 인식의 기본 메커니즘을 다음과 같이 말하고 있다.

"우리가 보는 세상의 모습은 어느 각도로 기울어진 아주 짧은 직선(선분)과 색깔이라는 단 두 가지 요소로 분해되어 인식된다."

우리는 선명하게 자각하지 못하더라도, 우리의 신경 세포들은 아주 미세한 선분, 기울기, 명암 등을 구분하면서 사물을 인식하고 있다. 이 때문에 아주 미세한 차이도 구분해 낼 수 있는 잠재 능력을 가지고 있다. 구분한다는 것은 서로 다름을 인지하는 행위다. 남과의 차이를 아는 것이다. 좋은 것과 나쁜 것을 구분하고, 친구와 일반인으로 그룹 짓고, 아군과 적군으로 나눈다. 주전자의 의미적 구분(주둥이, 뚜껑 등)만이 아니라 각 형태의 분자적(선분, 명암) 특성까지도 신경 세포들이 반응하며 정보화하고 있다. 이 때문에 차별화 지능은 아주 세밀한 차이도 눈치챌 수 있는 민감성을 갖게 되었다.

이와 더불어, 기억의 저장과 인출 메커니즘은 차별화 지능을 더욱 촉진시키는 요소로 작용하고 있다. 정보의 구분은 기존의 저장된 기억 체계에 영향을 받게 마련이다. 입력된 정보를 생각하고 판단하기 위해서는 반드시 이전의 기억과 결합하는 과정을 수반한다. 기존 기억 정보에 의해 평가되고, 분류되기 때문이다. 이와 관련하여, 기억하기는 아래의 특징 때문에 서로 다른 인식을 갖게 만든다.

먼저, 정보는 사람마다 서로 다르게 저장된다. 사람마다 경험하는 환경이 다르기 때문에 저장되는 기억도 다르다. 이로 인해 동일하게 유입된 정보라도 사람에 따라 서로 다르게 저장된다. 같은 생각을 하고 있는 상황에서도 서로 입장이나 생각이 다를 수 있다. 예컨대, 특정인에 호감을 보이는 반응에 대해서 어떤 이는 이성적으로, 어떤 이는 인품에 끌려서, 또 다른 이는 개인적인 관계 때문에 동일한 감정을 갖게 될 수 있다.

또한, 기억의 인출은 신경 세포 여기저기에 분산된 기억(정보)들이 외부로부터 입력된 정보(감각 자극)에 의해 재구성된다. 이때 입력되는 외부 정보(감각 자극)의 내용에 따라 분산된 기억 조각들의 조립 내용이 다르게 나타난다. 같은 종류의 사건이라도 어떤 맥락적 환경이 부각되느냐에 따라 결합하는 기억 정보가 서로 다를 수 있다. 이 또한 생각의 차이를 유발한다.

이 내용을 신경 생물학적인 관점으로 다시 정리해 보면 이렇다. 신경 과학자 조지프 르두Joseph LeDoux는 저서 《시냅스와 자아》에서 기억을 이렇게 정의했다.

"기억은 시냅스의 산물이다!"

정보가 신경 세포(시냅스 전 세포)에서 신경 세포(시냅스 후 세포)로 흐를 때 신경 세포 간 정보가 흐르는 미세한 틈(연결)을 시냅스라고 했다. 기억은 이러한 신경 세포 간 시냅스로 구성되는 연결망(회로) 형태로 존재한다. 대뇌 신경 세포가 약 140억 개가 있고 신경 세포당 약 1천 개의 시냅스를 가진다고 한다면 약 14조 개의 시냅스 연결이 존재한다. 사람마다 엄청난 양의 신경 세포 연결 고리를 가지고 있으며 연결 형태는 사람마다 다르다. 이는 개인 간 기억과 지식의 다름을 유발하고 생각의 차이를 만든다.

시냅스 특성으로 기억이 저장되고 인출된다는 의미는 무엇을 말하는가? 흔히, 컴퓨터에 데이터를 저장하는 방식과 비교된다. 컴퓨터는 특정 데이터가 특정 위치에 정확히 저장되고 재생된다. 우편번호 체계

Postal Code Memory라 한다. 입력값이 동일하면 항상 동일한 출력값을 갖는다. 반면, 시냅스 구조의 기억 저장, 인출 메커니즘은 다르다. 시냅스 구조는 정보 흐름에 따라 연결 관계가 변하는 가변적 구조이다.

옥스퍼드대 약리학 교수인 수전 그린필드Susan Greenfield 박사는 한 TV 프로그램에서 시각 정보의 특성을 다음과 같이 설명했다.

"눈을 통해 들어오는 정보는 낱낱이 분해되어 다시 조립된다. 이 작업은 순식간에 일어난다."

인간은 동일한 대상의 정보(외부 자극)를 다양한 신체 감각(눈, 코, 입, 피부 등)을 통해 채집한다. 따라서 정보는 받아들이는 시점부터 분산되어 유입된다. 더구나 입력 장소도 기존의 시냅스 체계에 영향을 받아 분산된다. 정보가 입력될 때, 그 사람이 가지고 있는 기존 지식, 인식 체계에 영향을 받아 관련 신경 세포의 시냅스 연결망(회로)에 서로 다르게 분산되어 저장된다. 이 때문에 똑같은 장면이나 사건을 보고도 기억하고 저장되는 시냅스의 장소가 사람마다 차이가 난다.

예컨대, 동일한 장미꽃 한 송이를 여러 사람이 봤다고 하자. 어떤 사람은 연인을 떠올린다, 애인으로부터 선물로 받았던 기억과 관련된 위치에 장미꽃 정보가 저장된다. 다른 이는 장미 가시에 찔려서 약국에 들렀던 기억을 떠올린다. 약국과 연관된 곳에 정보가 저장된다. 또 다른 이는 생일 선물로 장미를 받았다. 장미를 보면 생일 파티가 떠오르곤 한다. 이처럼, 기존 시냅스 연결망 구조에 따라, 장미꽃은 서로 다르게 저장되고 재생된다.

따라서 컴퓨터와 같이 1:1 방식으로 정보를 재생할 수 없다. 정보가 분산되어 있고 저장 장소(연결 관계)도 변하기 때문이다. 동일한 입력 정보라도 동일한 기존 정보처럼 저장되기 어렵다.

결국, 차별화 지능은 맥락적 단서contextual clue를 근거로 정보를 기억하고 인출한다. 정보가 상황에 따른 의미 기준으로 매칭되기 때문이다. 시냅스 연결망의 변화에 따라 입력되는 정보의 매칭 구조가 변하므로 기억이 변하고 사람의 인식이 변하며, 인출 정보도 매번 다를 수밖에 없다.

개인 간 인식의 차이는 기억 체계의 특성 때문이다. 사물을 빠르게 분류하고 구분하는 능력은 생존에 매우 중요하다. 이를 위해 우리 몸의 감각 기관들은 아주 미세한 정보도 채집한다. 이렇게 채집된 정보는 사람마다 서로 다른 시냅스 연결망(회로) 구조에 분산되어 저장되고, 맥락에 따라 똑같은 정보도 다르게 인출되는 기억 체계가 형성되었다.

오늘날에도 여전히 차별화 지능은 생존의 중요 수단이다. 사람을 만나거나 거래할 때, 내게 도움이 되는지를 잘 구별해야 한다. 더 나아가, 남과 다르게 나를 부각하고, 자신의 상품이나 서비스를 경쟁자보다 더 좋게 포장해야 한다. 쏟아지는 상품과 서비스, 비슷해지는 기술력에 더하여, 지능화 시대가 심화될수록 차별화 지능을 활용한 거래 기술은 더욱 중요해질 수밖에 없다.

3-3. 극한 경쟁 상황에서도 경쟁 없이 이기는 방법

미세한 차이에서 시작되는 차별화

다음에 제시한 그림에서 선분 A와 B, A'와 B'의 길이를 서로 비교해 보자.

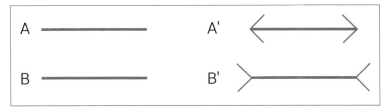

[그림 3] 길이 착시 1

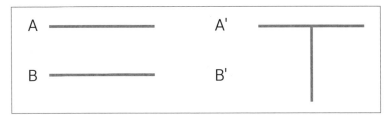

[그림 4] 길이 착시 2

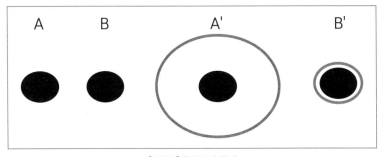

[그림 5] 원의 크기 착시

[그림 3], [그림 4]의 좌측 선분 A, B는 같은 길이다. 이들에게 약간의 첨삭과 자리 이동을 해보았다. 어떻게 보이는가? 우측 선분에서는 선분 A'보다 선분 B'가 각각 좀 더 길어 보인다. [그림 5]에서 좌측 두 개의 검은 원은 같은 크기다. 그러나 우측에서는 검은 원 A'보다 검은 원 B'가 더 커 보인다. 단지 주변의 환경이 약간 달라지거나 조정되었을 뿐인데, 우리 지능은 같은 선분과 원을 다르게 인식한다. 착시 현상이다. 우리의 차별화 지능은 아주 세밀한 정보도 판단 자료로 활용하므로 다름을 인지하거나 구분하는 능력이 그만큼 발달되어 있다.

미국 19개 주와 한국, 호주, 유럽 등에서 1,300여 개의 도시락 프랜차이즈를 운영하는 한국계 기업이 있다. 레스토랑, 매니지먼트, 컨설팅 서비스를 제공하는 스노우폭스라는 회사로 창업자는 김승호 회장이다. 지금의 거대한 사업도 10년 전에는 아주 작은 가게로 시작했다. 상황도 어려웠다. 한 대형 마트의 협소한 공간을 빌려 간단한 식사류를 취급하는 정도였다.

대표 메뉴는 즉석 김밥이었다. 국내 김밥집에서 흔히 볼 수 있는 메뉴였지만, 김 회장은 남다른 차별화를 시도했다. 미국인들에게 김밥 쇼 비즈니스라고 소개하며, 즉석에서 만들어 주는 흔한 김밥 말이를 근사한 비즈니스로 키운 것이다. 미국인들은 신선한 재료에 김밥 쇼라는 재미가 어우러져, 먹거리와 볼거리가 있는 음식으로 받아들였다. 김밥말이는 업계에 새로운 바람을 일으켰다. 기존의 프로세스를 잘 다듬어 사업의 차별화를 꾀한 것이다. 김 회장의 차별화 지능이 평범함

속에 숨어 있는 차별 포인트를 간파한 결과였다.

작은 차별화로 시작했지만 세계 외식업 시장에서 성공한 한국인 중 한 명이 되었다. 그가 말하는 성공의 법칙은 의외로 간단하다. '불편한 것을 개선하면 모든 것이 사업이 된다.'이다. 단순하지만 그의 경험이 녹아 있는 사업 철학이다. 성공과 실패는 종이 한 장 차이라 했다. 사소한 것이라도 새로운 시각으로 각색하고 실행한다면 가치 있는 대상으로 바뀔 수 있음을 보여 주었다.

물건을 판매하는 영업 사원도 차별화의 속성을 간과하면 안 된다. 영업도 작은 발상의 전환에서부터 시작되기 때문이다. 쇼호스트 출신이며 마케팅 컨설팅 연구소 소장으로 있는 장문정 대표는 발상의 전환이 중요함을 강조하는 인물이다.

그는 쇼호스트 시절, 한창 더운 여름 날씨에 홍삼을 팔아야 하는 상황이 있었다고 한다. 홍삼은 열을 내는 식품이다. 푹푹 찌는 여름날에 시원한 식품을 팔기도 힘든 판에 홍삼을 팔아야 했으니 특단의 대책이 필요했다. 장 대표의 날카로운 차별화 지능이 작동하기 시작했다. 고민 끝에 생각을 전환하기로 했다. 홍삼의 개념을 여름 무더위도 이기는 건강한 식품으로 완전히 바꾸기로 한 것이다. 약점을 강점으로 활용하겠다는 전략이다. 방송이 시작됐다. 우선, 무더운 여름이라도 텐트를 맨 땅에 설치하지 않는다는 말로 시작했다. 찬기가 올라와 건강에 좋지 않다는 사실을 강조한 것이다. 여름이라도 땅속은 매우 차다는 상식을 환기했다. 그러면서 홍삼에 대해 이렇게 설명한다.

"홍삼은 그 차가운 땅속에서 24계절과 24번의 환절기 내내 차가운 기운을 흡수하고 견뎌낸 식품입니다. 차가운 기운을 머금은 녀석을 고객님이 드시는 것입니다. 사실 홍삼은 여름에 드시는 게 가장 좋습니다."

홍삼을 무더위에 적합한 식품으로 소개했다. 그 이유도 제시했다. 판매 상황에 맞게 상품의 특징을 뽑아낸 것이다. 세일즈 톡을 잡아내는 장 대표의 차별화 지능이 발휘된 순간이었다.

개인적으로도 신용 카드 상품, 서비스에 대한 차별화에 고민할 때가 있었다. 그때 마침 회사에서 진행한 신사업 공모전이 있어서 참여하게 되었다. 그 당시 국내 상황은 전기 사용량이 많아 일부 지역이 블랙 아웃 위험에 놓이는 등 에너지 절감이 이슈인 시기였다. 이 때문에 정부 주도로 형광등이나 백열전구를 LED 조명으로 교체하는 정책이 추진되었다.

이러한 트렌드에 맞춰 공모전에 제출한 아이템이 LED 금융 모델이었다. LED 조명은 형광등과 비교해서 전기 요금이 50% 이상 저렴하다는 장점이 있다. 이 점을 활용하여 기존 조명을 LED 조명으로 바꾸고, 교체 비용은 절감된 전기료로 납부하도록 도와주는 금융 모델을 구상한 것이다. 소비자들은 LED 조명을 설치하고도 추가 부담이 없어 구매 결정을 쉽게 할 수 있다.

이러한 효과를 인정받아 신사업 아이디어로 선정되었고, 실제 시장 적용을 위한 T/F가 구성되었다. 초창기에는 아파트 지하 주차장에 많은 수요를 창출했다. 사실, LED 금융 모델로 멋있게 표현했지만, 기존의 신용 카드 할부 상품과 크게 다를 바가 없었다. 카드사가 LED 설치 비용을 일시에 설치 회사에 제공하고, 대신 매월 절감되는 전기료만큼을 아파트가 카드사에 분할(할부) 납부하는 방식이었기 때문이다. 작은 차별점을 크게 살린 금융 상품이었다.

차별화는 크고 웅대하고 거창한 행위가 아니다. 작고 보잘것없거나 의외의 요소에서도 찾아진다. 사랑하는 님(남자 친구)과 일면식도 없는 남(길거리 행인)은 엄청난 차이가 존재한다. 그러나 글자로는 점 하나의 차이다.

경쟁의 틀을 만드는 방법

"장군, 이 싸움은 불가합니다! 지원 부대도 없는 마당에 결코 승산이 없는 싸움입니다. 부디 훗날을 도모하십시오!"

1597년 정유재란이 한창이던 때, 거제 현령 안위를 비롯한 수하 장수들이 후퇴하기를 간청했다. 바로 얼마 전, 원균의 수군은 칠천량 해전에서 일본 수군에 대패했다. 160여 척의 배와 수천 명의 조선 수군을 거느리고도 왜군 함대에 궤멸당했다. 이에 비해 이순신 장군은 패전한 군사들과 12척의 배만 겨우 수습한 상태였다.
곧 있으면 원균의 조선 수군을 궤멸시킨 일본 함대가 들이닥칠 예정이다. 300여 척의 대군을 거느린 왜군 함대와 물러설 수 없는 일전을 치러야 했다. 이러한 절체절명의 상황에서 이순신 장군이 선택할 수 있는 방법은 많지 않았다. 고심 끝에 조선 수군의 근거지를 옮겼다. 진도와 육지 사이에 좁은 해로가 있는 명량 근처였다. 그곳에 울돌목이 있다. 울돌목은 해로가 좁다. 특히, 바다의 간조와 만조의 영향을 받아 물살이 매우 거센 곳이다. 멀리 이십 리 밖에서까지 바다의 울음소리가 들렸다고 해서 '울돌'이라 불렸다. 그만큼 물살이 센 곳이다.

이순신 장군은 왜 울돌목으로 근거지를 옮겼을까? 좁고 급한 물살 때문에 수백 척의 일본 군함이 한꺼번에 진입하지 못하고, 물살이 세기 때문에 선체가 가볍고 숫자가 많은 왜군의 배는 서로 엉키거나 전진하기가 어려운 곳이다. 더구나 조선 수군은 이 지역의 밀물과 썰물에 대한 해박한 지식을 갖고 있어, 바닷물의 흐름에 어떻게 대응할지 잘 알고 있었다. 이러한 지리적 우위에 의지하여 절대 열세인 군사력으로 거대한 왜군 함대에 맞서려는 것이다.

결전의 날은 밝았고 치열한 전투 끝에 기적 같은 승리를 거두게 된다. 왜군의 수많은 함대가 파손되었으며, 8,000명이 넘는 왜군들이 이 전투에서 목숨을 잃었다. 반면, 아군은 완파된 배도 없고 전사자도 미미하여 이순신 장군은 말 그대로 대승을 하였다. 전혀 승산이 없는 전투에서 그것도 완벽하게 승리한 것이다. 그 이유는 단순하다. 자신에게 유리한 판에서 싸운 것이 주요했다. 내세울 것 하나 없는 상황이라도, 자신에게 유리한 판이라면 이길 수 있다는 사실을 입증한 전투였다.

자신이 원하는 경쟁의 틀을 짜는 전략은 시장의 판세를 뒤집는 힘을 가지고 있다. 차별화는 자신이 가장 잘하는 것에서부터 출발한다. 자신을 제대로 파악하고 나부터 차별화가 시작되어야 한다. 자신의 강점을 잘 전달하는 것에서 차별화가 시작되기 때문이다.

차별화 지능은 나의 강점을 남과 다르게 표현하는 능력이다. 과거 맥주 시장을 양분했던 오비맥주와 조선맥주의 대결도 차별화 전투였다. 1980년대까지 오비맥주는 점유율 70%로 시장을 지배해 왔다. 맥주 시장이 시작되면서 40여 년이라는 긴 세월 동안 오비맥주는 최고의 자리를 지키고 있었다. 당연히 조선맥주는 2위의 서러움에서 좀처럼 벗어나지 못했다.

그러던 어느 날, 뜻하지 않은 일이 발생했다. 오비맥주의 모기업에서 페놀이 유출되는 사고가 발생한 것이다. 페놀은 악취를 내는 독성 화학 물질이다. 식수원인 낙동강으로까지 흘러 들어갔다. 대구를 비롯한 마산 등 영남권 전역에 수돗물 파동을 유발했다. 이 여파로 해당 회사 제품의 불매 운동이 일어나며 사회적 이슈가 되었다. 한편으로 유해 물질 배출에 대한 법률 제정과 상수원 수질 관리 대책이 발표되는 등 사회 전반으로 '마시는 물'의 소중함을 자각하는 계기가 되었다.

그로부터 2년이 지날 무렵 만년 2위 조선맥주가 '맥주 시장의 판을 바꾸는 기준'을 제시하게 된다. "지하 150m 천연 암반수로 만든 깨끗한 맥주"라는 슬로건을 내세운 하이트를 출시한 것이다. 새롭게 제시한 판의 기준은 깨끗한 물이었다. 오비맥주를 덮고 있는 페놀 오염 사건의 이미지를 부각하며 강력한 차별화를 표방했다.

전략은 통했다. 출시 3년 만에 만년 2위였던 조선맥주는 오비맥주를 누르고 시장 1위를 차지하는 기염을 토했다. 2년간 절치부심한 회심의 새판짜기가 성공한 순간이었다. 하이트맥주는 '천연 암반수', '맥주병에 온도계 부착', '백두대간 하이트' 등 자신이 짜놓은 깨끗한 물이라는 판에서 승승장구하며 한동안 최고의 자리를 지켜갔다.

자신의 약점이라도 어떻게 차별화 포인트를 발굴해내느냐에 따라 강점으로 전환할 수도 있다. 잭 트라우트Jack Trout는 그의 저서 《포지셔닝》에서 "자신의 강점과 약점은 물론 경쟁 회사의 강점과 약점까지 염두에 둔 포지션을 창조해야 한다."고 말했다. 그러면서 자신의 약점까지도 차별화하여 자신의 강점으로 만들 수 있다고 강조한다. 이와 관련한 사례로 독일 자동차 브랜드인 폭스바겐을 소개했다. 폭스바겐이 미국 시장에 진출한 지 얼마 되지 않을 무렵이다. 지금도 그렇지만, 그 당시 미국은 세계 최고의 자동차 메이커가 즐비한 자동차 천국이었다. 자동차의 메카, 디트로이트에서는 차체가 크고 길며, 땅에 닿을 듯 말듯 낮은 차들이 유행이었다. 중후장대한 대형차가 대중의 선망을 받던 시기였다.

폭스바겐의 대표 차종 '비틀'은 독일이 국민차 목적으로 만든 소형차로 아담하고 동글한 디자인을 하고 있었다. 딱정벌레처럼 생겼다고 비틀Beetle이라고 불렀다. 미국산 차들의 멋지고 화려한 외관에 비해 어찌보면 개성 없고 촌스럽게까지 보였다. 당시 미국 내 자동차 트렌드와는 거리가 있었다.

불리한 여건 속에서 폭스바겐은 비틀이 가진 특징 그대로를 어필하기로 했다. 곧 대대적인 광고가 시작됐다. "Think Small" 즉, "작지만 강한 차"란 점을 강조했다. 중후장대한 차들이 각광받던 시절에 반대의 개념으로 승부수를 던진 것이다. 비틀을 대형차와 비교하면서 대형차만큼 비싸지 않고 저렴한 연비를 강조했다. 애초에 국민차로 기획했으니 가격과 연비가 상대적으로 좋을 수밖에 없었다. "못생긴 것은 외모뿐"이라 외치면서 성능과 차량 유지비의 장점을 적극 어필했다.

비틀의 차별화 전략이 미국 시장에 먹히기 시작하면서, 마침내 소형차 부분에서 최고의 판매를 기록하게 된다. 이러한 인기에 힘입어, 비틀이 단종될 때까지 약 2,000만 대가 팔리며 역사상 가장 많이 팔린 차의 반열에 올랐다. 큰 차들이 군림했지만 미처 채워지지 않은 빈틈, 작은 차로서 자신만의 효용성을 부각하여 성공한 사례이다.

치열한 경쟁 구도라도 핵심 경쟁력을 가지고 있다면, 남과 다른 차별화로 안정적인 사업을 유지할 수 있다. KBS가 편찬한 《백년의 가게》라는 책에 소개된 피자 가게가 이를 잘 보여 준다. 이탈리아에 있는 스타리타Starita라는 가게다. 스타리타는 무려 111년이라는 전통을 자랑한다. 이탈리아는 피자가 원조인 나라이다. 그중에서 피자의 발원지라 불리는 나폴리에서 100년 넘게 피자를 판매해 오고 있다. 20여 개 테이블은 오픈해서 밤 11시까지 손님들로 차 있다. 이탈리아에는 피자 원조의 나라답게 2만여 개가 넘는 피자 가게가 있다. 이렇게 많은 피자 가게 중에 스타리타로 손님이 모이는 이유가 있다. 이 가게의 가장 큰 자랑인 나폴리 전통의 피자 맛을 경험할 수 있기 때문이다. 3대째 이어온 사장의 자부심도 거기서 나온다.

오래된 가게의 남다른 경쟁력은 원조의 맛이었다. 피자의 기본을 간직한 기술이 그들만의 차별화다. 손님들은 원조의 맛을 찾아 멀리서도 달려온다. 가장 잘 팔리는 메뉴도 이탈리아 전통 피자인 마르게리타다. 토마토 소스와 모차렐라 치즈가 들어가고 박하향이 나는 허브 바질 Basil을 곁들인다. 1800년대 이탈리아의 여왕 마르게리타가 먹고 반해서 붙여진 이름이다. 111년의 전통을 기반으로 자신이 가장 잘할 수 있는 포인트에 집중했다. 이탈리아 피자 원조의 맛을 경험할 수 있는 가게라면 당장이라도 달려가 맛을 보고 싶지 않겠는가!

자신이 아닌 고객을 봐야 하는 이유

삼성전자는 2017년 세계 휴대 전화 시장에서 애플을 제치고 당당히 1위를 차지한 최고의 회사이다. 그런데 불과 10여 년 전만 해도, 시장 전문가들은 삼성전자에 우려 섞인 비관적 전망을 쏟아냈다. 한때, 삼성전자의 암울했던 그 시기에 대체 무슨 일이 있었던 걸까?

2007년 애플이 진정한 스마트폰이라고 자부하는 아이폰이 세상에 그 모습을 드러냈다. 시장은 아이폰에 열광했다. 아이폰이 세계적으로 찬사를 받을 동안에 국내의 반응은 상대적으로 차분했다. 당시 국내 소비자들은 여전히 폴더폰을 별 불만 없이 쓰고 있었다. 아직 아이폰이 국내에 출시되지 않은 탓이 컸다. 변화는 예견됐다. 아이폰3G가 국내에 곧 출시할 예정이었기 때문이다. 그즈음에 동료가 기쁜 표정으로 내게 자랑을 했다. 삼성 스마트폰 옴니아를 샀다는 것이다. 폴더폰을 쓰고 있던 나로서는 부러울 따름이었다. 터치스크린으로 작동되고 30만 화소의 카메라, 인터넷, 화상 통화, DMB 시청 기능 등을 갖춘 엄청난 스펙의 스마트폰이었기 때문이다. 폴더폰만 알던 대부분 국내 소비자에게 한국형 스마트폰이라고 인식되기에 충분했다. 삼성은 윈도 기반의 옴니아를 내세워 아이폰3G와 일전을 준비했다.

드디어 아이폰3G가 국내에 출시되면서 스마트폰의 첫 대결이 시작됐다. 결과는 아이폰3G의 판정승이었다. 옴니아는 보기 좋게 패하고 바로 시장에서 사라졌다. 이 일로 삼성전자는 "IT 강국의 몰락이다.", "애플이 나이키라면 삼성은 신발 공장이다."라는 비아냥을 들어야 했다. 삼성전자는 절치부심의 심정으로 새로운 대항마를 준비했다. 드디어 2010년 안드로이드 기반 갤럭시S 시리즈를 내놓고 아이폰과 본격적인 진검승부를 시작했다. 그 후로, 삼성은 애플과 함께 스마트폰 시장의 양대 브랜드로 끝없는 경쟁을 펼치고 있다.

초기 스마트폰 대결에서 삼성은 왜 아이폰에 패배의 쓴맛을 본 것일까? 그 당시 삼성전자는 자신의 시각과 수준으로 시장을 이해하고 있었다. 세계 최대의 휴대 전화 제조사로서 자신만의 방식으로 대응한 것이다. 제조사 입장에서 본 옴니아의 기기 성능은 아이폰과 거의 손색이 없었다. 어떤 부분에서는 더 뛰어난 기능도 있었다. 하지만 제조사의 언어와 인식으로 대응했던 것이다.

반면, 애플은 고객 입장에서 스마트폰을 바라보았다. 어쩌면 기존 휴대 전화 제조 인프라를 보유하지 못했던 점이 오히려 도움이 되었을 것이다. 오로지 고객의 편익에만 초점을 맞춰 아이폰의 로드맵을 그릴 수 있었다. PC의 인터넷 기능까지 통합하여 모바일 인터넷 플랫폼을 제공하겠다는 큰 그림이 그려졌다. 이러한 철학은 애플이 앱 기반의 다양한 애플리케이션을 선보이면서 그 방향은 더욱 명확해졌다.

삼성은 제조사로서 전화기 스펙에 중점을 두고, 하드웨어적 측면에서 스마트폰 시장을 이해했다. 최고의 휴대 전화 제조사로서 당연한 생각일 수 있다. 고성능의 휴대 전화 기능을 제공하겠다는 신념이 강했다. 옴니아는 당시 삼성으로서 할 수 있는 최고의 휴대 전화 스펙이었다. 아쉽게도 자신의 한계와 스마트폰의 진정한 지향점이 잘못되었다는 것을 알기까지는 그리 오랜 시간이 걸리지 않았다.

최고의 제조사라는 위치가 오히려 독이었다. 애플과의 경쟁 초기에 삼성은 소프트웨어 생태계 부재로 고전을 면치 못했다. 그 당시, 비록 힘들고 어려웠던 시기였지만 고객의 언어, 스마트폰의 핵심 경쟁력에 귀 기울이는 귀중한 시간이 되었다. 고객이 원하는 바를 실현하기 위해 자기 자신의 한계를 뛰어넘어야 한다는 값비싼 경험을 한 것이다. 진정한 성공을 위해서는, 내가 할 수 있는 일이 아닌 시장에서 원하는 차별화를 구현해 낼 수 있어야 했다.

우리가 알 수 있는 진정한 차별화란 자신이 잘하는 강점을 강화하되, 시장의 경쟁 상대와 견주어 차별성이 명확해야 한다는 점이다. 차별화의 완성은 결국 내가 할 수 있는 수준에서 멈추는 것이 아닌, 시장 기준에서의 차별화가 중요하다는 점이다.

이러한 원칙은 전기차 시장에도 예외는 아니었다. 초창기 시절, '전기 자동차' 하면 소형 자동차를 떠올렸다. 기술적 한계 때문이다. 당시의 제조 기술을 가지고 중대형 자동차 규모로는 장거리를 운행할 수 없었다. 배터리 기술이 충분치 못했기 때문이다. 소비자들의 인식도 부정적이었다.

"전기 자동차는 어쩔 수 없어. 배터리 때문에 멀리 못 가, 작고 비싸기만 해!"

어느 날, 팽배했던 부정적 인식을 날려버릴 퍼스트 펭귄이 나타났다. 테슬라 모터스의 모델S이다. 신생 전기 자동차 제조사인 테슬라 모터스 CEO 엘론 머스크Elon Musk의 끈기에서 탄생했다. 기존 고급 세단에 익숙한 고객마저도 갖고 싶은 선망의 차를 내놓은 것이다.

테슬라의 모델S는 내연 자동차에 뒤떨어지지 않는 성능과 주행 거리를 선보였다. 최고 속도 251km, 한 번에 424km를 충전할 수 있어 서울에서 부산까지 갈 수 있다. 고급스러운 디자인과 차량 실내 시설은 최첨단 기술이 장착되었다. 17인치 터치스크린으로 작동되는 내비게이션은 물론 전화, 인터넷까지 할 수 있는 미래형 시설을 갖췄다. 당시 고급 내연 자동차보다 더 뛰어난 첨단 사양을 탑재한 것이다. 그 결과, 2017년 3분기 미국 고급차 시장에서 30%를 넘는 점유율을 보이며 가장 많이 팔린 차로 기록되었다. 벤츠, BMW, 아우디 등 고급 브랜드를 제치고 당당히 1위에 등극하기도 했다.

전기차에 대한 기술적 한계, 무엇보다도 자동차 신생 업체가 많은 난제를 극복하고 일궈낸 성과였기에 값진 결과였다. 테슬라는 고객의 니즈에 초점을 맞춰 자신의 한계에 도전한 것이다. 그리고 그 한계를 훌쩍 뛰어넘었다. 자신이 할 수 있는 차를 만든 것이 아니라 고객이 원하는 차, 당시 전기 자동차의 현실을 뛰어넘었던 것이다. 제조사(자신)의 시각과 언어가 아닌 소비자의 시각과 언어로 무장한 엘론 머스크의 철학이 한몫했다.

그는 '2014년 주주서한'에서 비장한 결의를 발표하기도 했다.

"고객을 기쁘게 하지 못하는 제품을 내놓느니 수익을 포기하겠습니다."

시장의 시각, 소비자의 언어로 행동하기는 쉽지 않다. 하지만 그 언어로 소통했을 때 진정한 차별화를 맛보게 된다. 그 과실은 실로 대단하다. 오늘날 엘론 머스크의 명성과 부는 자신의 한계를 뛰어넘은 도전의 열매라 할 수 있다.

개인적으로도 제휴카드를 발급한 가전 시장 점유율이 떨어지면서 고민이 깊었던 때가 있었다. 가전 시장 점유율을 획기적으로 높일 방안을 찾아야 했다. 새로운 반전이 필요했다.

가전 대리점 입장에서는 제휴카드의 혜택이 많은 점은 좋은데, 제휴카드가 없는 고객이 문제였다. 제휴카드를 소유하지 않은 고객에게 혜택을 주지 못하기 때문에 판매 기회를 날릴 가능성도 높았다. 그래서 제휴카드를 현장에서 바로 발급해 달라는 요청이 이어졌다. 카드사 입장에서 그 점은 고민의 대상이 못 됐다. 신용 카드를 심사 없이 현장에서 바로 발급해 줄 수 없기 때문이다. 금융 당국의 엄중한 기준이었다. 그 당시, 카드 실물이 고객에게 전달되기까지 보통 약 1주일이 걸리던 때였다. 대리점주의 요구는 마치 "자동차 대리점에 방문한 고객이 상담 후 신차를 바로 타고 가게 해 달라."는 요청과 같았다.

대리점주는 근처에 경쟁사 대리점들이 모여 있는 상황에서, 고객에게 카드를 발급받고 다음에 오라는 말은 "다른 경쟁사 대리점에서 사라"는 말과 같았다. 고객은 제품을 즉시 구매하기를 원하기 때문이다. 제휴카드의 혜택이 클수록 다른 카드를 사용하는 고객에게 물건을 팔기는 그만큼 어려운 일이 되고 있었다.

우리 회사는 긴급 대책 회의를 열었다. 인력을 대폭 증원하여 발급 심사 시간을 단축하고 하루라도 빨리 카드를 전달하려 노력했다. 이 정도면 최선을 다했다고 생각했다.

아쉽게도 그 시도나 생각은 제조사(카드사)의 언어요 시각이었다. 현장은 냉혹했다. 신용카드 발급일을 하루 이틀 줄이는 노력은 별 도움이 안 된다는 반응이었다. 현장 대리점의 요구는 현금을 내고 바로 사가듯, 신용 카드도 그래야 한다고 목소리를 높였다. 현장의 니즈를 무시할 수만은 없는 상황이었다. 나를 포함한 우리 팀의 고민은 깊어져 갔다.

신용 카드의 한계를 넘어서야 했다. 여러 프로세스를 검토하다가 결정적으로 하나의 포인트를 발견했다. 그 당시 우리 회사는 캐피탈을 합병하여 할부 금융을 할 수 있는 금융사였다. 할부 금융은 현금이 없거나 신용 카드 한도가 부족할 때 이용하던 보조 금융 상품이다. 그런데 할부 금융의 장점이 있었다. 시스템으로 고객 신용을 평가해서 고객이 현장에서 바로 결제할 수 있도록 구매 한도를 즉시 부여하는 기능이 있었다. '바로 이거다!'라는 생각이 번뜩였다.

현장에서 실시간 시스템 심사를 통해 먼저 할부 금융으로 승인하고, 신용 카드 발급 심사가 완료되는 건은 카드 매출로 전환한다는 아이디어였다. 현장에서는 즉시 판매가 가능하고, 카드 발급 심사가 통과된 고객은 카드의 혜택까지 받을 수 있는 프로세스였다. 이 서비스에 힘입어 전자 대리점에서 우리 회사의 매출을 획기적으로 개선할 수 있었다. 소비자(현장)의 언어로 이해하고 행동한 결과였다. 그 당시 카드사가 갖고 있던 한계를 뛰어넘었기에 가능했다. 그 과정은 쉽지 않았지만 한계를 돌파하니 과실은 실로 대단했다.

시장에서 인정받는 차별화는 나 자신을 넘는 작업이다. 과학 기술의 발달로 품질이나 기술력의 차이는 점차 줄어들고 있다. 경쟁사나 우리 회사나 서로 비슷한 조건, 기술력, 환경을 갖게 된다. 이런 상황에서 자신이 처한 한계점을 넘어서지 않으면, 여전히 시장에서는 다른 경쟁사와 다를 바 없는 그런 평범한 회사로 남을 수밖에 없다. 나의 한계를 뛰어넘어야 경쟁사를 이길 수 있다. 나의 한계를 뛰어넘는 일, 이것이 고객의 눈높이에 맞추는 진정한 차별화의 모습이다.

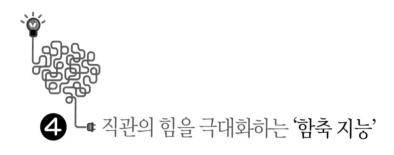

④ 직관의 힘을 극대화하는 '함축 지능'

4-1. 거래에서 핵심 메시지가 갖는 효과

한 줄의 키워드, 하나의 핵심 이미지 효과

"날 새고 기다려서 먹는 이유를 알겠다.", "아까워 (돈가스가) 없어지는 게…"

돈가스를 먹으면서 손님들이 내놓는 음식평이다. 새벽부터 4시간 이상 줄을 서야 겨우 대기표를 받고, 또 서너 시간을 기다려야 먹을 수 있는 돈가스집, '연돈'에서 벌어지는 모습이다. 연돈이 유명해진 계기는 한 방송국의 프로그램에 참여하면서다. 소규모 골목 식당의 문제점을 발굴하고, 유명 요식업 대표가 솔루션을 제공하는 프로그램이었다.

연돈에 내려진 솔루션은 다름 아닌 메뉴 축소였다. 컨설팅 이전의 메뉴는 무려 21개.

"다양한 메뉴를 찾는 손님들을 생각해야……"

메뉴를 줄여야 한다는 처방에 불안한 표정의 사장은 말을 잇지 못했다. 그럼에도 솔루션은 단호했다. 비빔 모밀, 어묵 우동, 김치 치즈, 새우튀김 등 돈가스와 관련이 적은 메뉴를 솎아 냈다. 다양한 메뉴는 가게의 정체성을 불명확하게 만들고 식재료 관리의 비효율을 초래한다는 의견이었다. 망하면 손해를 배상해 주겠다는 자신 있는 솔루션 의견에 결국 18개 메뉴를 줄이고, 단 3개의 핵심 메뉴(치즈돈가스, 등심돈가스, 카레)만 남게 됐다. 결과는 대박이었고, 긴 시간 줄을 서야 먹을 수 있는 유명 맛집으로 우뚝 서게 됐다.

요리법이나 식재료가 변한 것은 없다. 그저 인기 있는 메뉴 2~3가지로 축소한 것뿐인데, 손님이 끊이질 않는다. 왜 이런 현상이 벌어진 것일까? 메뉴가 정리되고 핵심만 남자 '연돈 = 돈가스를 먹어야 하는 곳'이라는 공식이 성립됐다. 홍보도 한몫했다. 식재료를 준비하는 과정이나 시식 후기들이 블로그나 유튜브에 계속 업데이트됐다. 일련의 사건은 대중들로 하여금 꼭 먹어 봐야 하는 돈가스 전문점으로 각인시켰다. 돈가스라는 핵심 상품의 이미지 메이킹이 가능해지면서 '일반 일식 분식점에서 돈가스 전문 맛집'으로 재탄생한 것이다.

고객에게 핵심 메시지만 잘 전달해도 그 힘은 커진다. 청주대 광고홍

보학과 정상수 교수는 커뮤니케이션을 할 때 요약해서 간결하게 말해야 한다고 주장한다. 더 나아가 전달하고자 하는 메시지를 한 단어로 요약하는 '한 단어One Word 콘셉트'를 강조한다. 많은 정보에 노출되어 있는 청중에게 복잡다단한 메시지를 전달해서는 안 되며, 압축해서 간결하고 명확하게 전달할 수 없다면 제대로 된 커뮤니케이션이 될 수 없다는 것이다.

세계적인 마케팅 전략가 잭 트라우트도 그의 저서 《포지셔닝》에서 핵심 메시지의 중요성을 강조하고 있다.

"커뮤니케이션 과잉 사회에서 취해야 할 최선책은 메시지를 극도로 단순화해야 한다."

마케터 입장에서 전달하고 싶은 내용이 많을지 몰라도, 많은 양을 전달할수록 고객의 마인드에 남는 내용은 작아진다고 단언한다. 결국, 고객에게 원하는 정보를 제대로 각인시키고 싶다면 내용을 선별하고 종합적 함의가 포함된 핵심 메시지로 전달해야 한다는 것이다.

마케팅 커뮤니케이션의 귀재 스티브 잡스는 자신의 프레젠테이션에서 이를 잘 활용한 인물이다. 잡스가 하는 프레젠테이션 특징을 간추리면 이렇다.

"한 줄의 키워드Key Word 또는 하나의 핵심 이미지Key Visual로 표현한다."

[그림 6] 핵심 이미지로 표현하기

실제로 그의 발표 장표는 하나의 단어나 숫자 또는 심플한 사진이나 이미지로 채워졌다. 2007년 아이폰을 출시하는 프레젠테이션에서도 예외는 아니었다. 화면에는 아이폰의 주요 기능에 대한 핵심 메시지 한두 개만 강조되어 보인다. 그 메시지를 중심으로 설명을 이어간다.

예컨대, 화면 전체에 'Smartphone'이라는 단어가 크게 보인다. 그 하단에는 자그마하게 'Phone + e-mail + Internet'이라고 쓰여 있다. 스마트폰은 3가지(폰, 이메일, 인터넷) 영역에서 자유롭게 사용할 수 있는 기기라고 설명하기 위해서다. 잡스는 자신이 말하고자 하는 주제어를 제시한 후 이를 중심으로 주장을 펼쳐 나갔다. 주제어는 자신이 말하려고 하는 내용을 함축적으로 담고 있다.

핵심 단어 외에 핵심 이미지도 단골로 사용되는 방법이다. 이미지를 활용해 한눈에 이해하도록 시각화한다. 청자 입장에서는 내가 어떤 내용을 듣고 있는지 주제 중심으로 생각하며 듣게 된다. 이처럼 한 장표에 하나의 주제어나 이미지를 제시함으로써 핵심 주제를 좀 더 쉽게 청자의 뇌리에 새길 수 있다.

새로운 상품이나 벤처 창업 아이템을 설명할 때 최대한 빠르고 명료하게 설명하는 방법을 엘리베이터 피치Elevator Pitch라 한다. 사업 내용을 단순 명료하게 설명할수록 심사위원들에게 높은 점수를 받기 쉽다. 만약, 자신이 예비 창업가인 상황에서, 어느 날 우연히 유명 벤처 투자가와 엘리베이터를 같이 타게 되었다고 하자. 더구나 창업 자금이 필요한 상황이다. 그와 눈이 마주쳤다. 벤처 투자가가 미소를 지으며 묻는다. "혹시 제게 하실 말씀이라도 있나요?" 두 번 다시 오지 않을 절호의 기회다. 당신에게 주어진 시간은 그와 함께 엘리베이터를 타는 30초. 자신의 생각을 최대한 요약해서 핵심 내용만 명료하게 전달해야 한다.

대부분의 거래 제안도 마찬가지다. 여러 장표가 있어도 초기에 핵심 내용을 잘 전달하지 못하면, 나머지 장표는 들러리일 뿐이다. 많은 정보에 피곤해져 있는 고객, 경쟁사의 이러저러한 제안에 복잡해진 거래 상대방에게 간단하고 명료한 핵심 메시지가 필요하다.

효과적인 프레젠테이션 기술을 알려 주는 책《나의 발표는 에스프레소처럼》에서는 핵심을 그려내는 능력이 중요하다면서 다음과 같이 강조한다.

"현상은 늘 복잡해 보이지만, 그 해결책은 언제나 심플하다."

상대방을 설득하고 이해시키는 데는 많은 이야기나 자료가 필요할 것 같지만, 의외로 간결한 메시지로 해결되는 경우가 많다. 이것이 바로, 함축 지능이 강렬하게 반응할 핵심을 던져야 하는 이유다.

4-2. [원리] 뇌 속 연합 영역의 수렴 기능

지능적 최적화 능력(함축 지능)이 발달한 이유

우리는 앞서 "생각은 연결의 결과요, 정보 전달의 산물"이라 했다. 정보 전달은 뇌 속의 신경 세포가 전담한다. 뇌과학자 제프 호킨스Jeff Hawkins는 뇌 속 정보 전달의 특징을 이렇게 정의했다.

"뇌 신경 세포의 대부분은 연합 영역(수렴 지대)으로 이루어져 있다."

우리 뇌 속에 연합 영역이 존재한다는 의미는 정보들이 모이고, 더 상위 개념으로 통합되는 과정이 있음을 보여 준다. 신경 세포가 갖는 정보 전달의 이러한 특징이 정보를 종합적으로 처리하고, 인지하는 함축 지능을 갖는 원인이 되었다.

신경 세포의 정보 전달 형태는 크게 두 가지로 구분된다. 발산과 수렴이다. 하나의 신경 세포는 여러 개의 시냅스를 가진다. 많게는 20,000개의 시냅스가 있으니, 최대 20,000개의 다른 인접한 신경 세포에 정보를 전달할 수 있다. 이를 발산이라 한다.

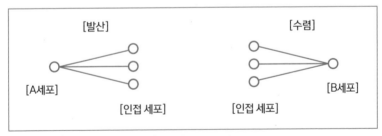

[그림 7] 발산과 수렴

한편으로, 반대 개념인 수렴 현상도 동시에 발생한다. 수렴은 여러개의 신경 세포가 특정 신경 세포로 정보를 집중하는 현상이다. 정보의 수렴(통합)도 중요한 프로세스다. 정보가 수렴(통합)해야 전달된 정보가 비로소 특정한 의미를 갖게 되기 때문이다. 특정한 의미는 인식, 즉 사고를 말한다. 다양한 정보가 통합되면서 특정 정보로 의미가 압축되어야 하나의 인식으로 완성된다. 이처럼, 수렴 현상은 뇌지능이 여러 정보를 종합적으로 판단하여 함축적으로 인식하고 행동할 수 있게 한다.

예컨대, 자동차를 바꿀 때가 되었다고 생각해 보자. 새 차를 살 것인가? 중고차를 살 것인가? 아니면 타던 차를 조금 더 타고 다닐까? 여러 생각의 옵션 중에서 하나의 의견으로 정리(수렴)하지 못하면 실행에 옮길 수가 없다. 이러저러한 이유로 '새 차를 산다.'와 같이 하나의 생각으로 정리되어야 비로소 행동으로 이어진다. 신경 세포에 입력되는 수많은 정보는 의미를 갖기 전까지 발산과 수렴을 반복하며, 궁극적으로 특정한 의미로 수렴하는 과정을 거친다.

신경 세포의 정보 수렴(통합) 현상을 좀 더 살펴보자. 정보가 유입되는 환경은 외부(자연) 환경과 내부(신체) 환경으로 구분할 수 있다. 먼저, 외부 환경으로부터 유입되는 정보는 눈, 코, 입, 손, 발, 피부 등과 같은 신체 부위가 채집한다. 이들 정보는 뇌로 집중된다. 큰 의미에서 정보의 수렴 현상이다. 몸속 신체로부터 정보가 전달되는 방식도 마찬가지다. 심장이 뛰는 정보, 혈액의 흐름 정보, 생리 현상 등 수많은 정보가 체내에서 생성된다. 그리고 이 정보들 역시 속속 뇌로 몰려든다. 뇌로 집중되고 있으며 이 또한 정보의 수렴 현상이다.

좀 더 세부적으로 신경 세포의 정보 전달 과정을 살펴봐도 수렴 현상은 곳곳에서 발생하고 있음을 알 수 있다. 신경 세포에서 신경 세포로 전달되는 과정 또한 큰 의미에서 수렴의 과정이기 때문이다. 예컨대 눈으로 들어온 정보는 시각 신경 세포가 담당한다. 시각 정보는 수많은 1차 시각 신경 세포(피질)로 전달되고, 2차, 3차 시각 신경 세포로 전달되다가 여러 시각 정보가 모이는 시각 연합 피질로 수렴(통합)한다. 청각 정보도 1차 청각 신경 세포로 시작해서 청각 연합 피질로 모인다.

자동차를 본다고 할 때, 서로 다른 여러 시각 세포가 자동차의 다양한 시각 정보를 각각 처리하더라도 우리는 자동차라는 통일된 하나의 대상으로 인식할 수 있다. 그 이유가 시각 정보의 수렴(통합) 기능 때문이다. 다시 말해 정보를 종합적으로 처리하고 판단하기 위한 연합 피질이 존재한다는 뜻이다. 시각 정보의 통합 과정에서는 과거의 시각 정보까지 보태져 종합적으로 처리한다. 청각 정보도 다르지 않다. 지금 듣고 있는 새의 울음소리를 참새의 울음소리로 판단하고, 어제 들었던 다른 새의 울음소리와 구분할 수 있는 이유도 청각 정보의 수렴(통합) 기능 때문이다.

더군다나 각 신체 감각별 연합 피질로 모인 정보는 또다시 다중 감각 연합 피질Multisensory Association Area(MA)로 한 번 더 통합되는 수렴을 거친다. 뇌과학 전문가 박문호 박사는 그의 저서 《뇌, 생각의 출현》에서 다음과 같이 말하고 있다.

"청각이든 시각이든 신체 감각의 모든 자극(정보)이 모이는 곳이 다중 감각 연합 피질이며, 이 영역 덕분에 누군가를 볼 때 그 사람의 형상, 그 사람의 목소리가 총체적으로 결합하여 하나의 전체적 기억이 형성됩니다."

소파에서 책을 읽고 있을 때, 현관문 비밀번호를 누르는 소리가 들리고, 아이들과 엄마가 들어오는 소리를 듣게 된다면, 이들이 곧 내 앞에 나타나리라 생각한다. 동시에 그들의 이미지를 무의식중에 떠올린다. 만약, 가족들이 아닌 다른 사람들이 나타난다면, 나는 깜짝 놀랄 것이다. 이처럼, 소리(청각) 정보를 통해 시각 정보를 생성할 수 있는 이유가 정보의 수렴 기능 때문이다.

정보의 종합 처리 기능은 매우 중요하다. 주유소를 지나 걸어가고 있는데 갑자기 "펑" 하는 소리를 들었다고 하자. 이 소리가 주유소에서 발생한 것인지, 자동차 타이어가 터지는 소리인지, 아니면 근처 뻥튀기 가게에서 나는 소리인지를 즉각 인지하고 종합적으로 판단해야 한다. 피해야 할지 가던 길을 계속 갈지는 시각, 청각, 후각 등 다양한 정보를 종합적으로 분석하고 행동하게 된다. 이처럼, 정보의 취합(수렴)과 종합적 판단은 삶에 매우 중요하며, 함축 지능에 의해 수행된다.

함축 지능은 생존 가능성을 높이기 위한 지능적 최적화 수단이다. 지능적 최적화란 효율적이고 빠른 사고 능력을 말한다. 서로 다른 정보가 신체 감각들로부터 우리 뇌에게 들어온다. 엄청난 양의 정보가 유입되는데, 상대적으로 정보 저장 용량이나 분석 능력은 제한적이다.

부족한 지적 능력을 가지고 다양한 환경에 대응해야 했다. 예컨대 포식자인 맹수를 만나면 바위틈이나 높은 나무로 재빠르게 피해야 한다. 천천히 생각할 시간이 없다. 판단이 늦은 인류는 그들의 먹잇감이 되었으며 현재까지 생존하지 못했다. 기민한 판단과 행동을 위해 정보를 간소화하고 압축(수렴)하는 능력이 절대적으로 필요했으며, 이를 바탕으로 빠르게 판단하는 함축 지능이 발달하게 되었다. 함축 지능은 인류를 생태계의 최정점에 서게 한 원동력이었다.

우리 일상의 대화에서도 함축 지능은 광범위하게 작동하고 있다. 예컨대 갑자기 하늘에 먹구름이 덮이고 주위가 어두워졌다고 하자. 바람도 불고, "우르릉" 하는 천둥소리도 들린다. 여러 상황이 동시다발적으로 발생했지만 함축 지능은 이 상황을 종합적으로 인식하여. 직관적으로 정리한다.

"곧 비가 오겠네, 비를 피하자!"

만약, 천둥소리, 먹구름, 어두워지는 현상을 세밀하게 분석하고, 각각의 상황에만 몰두하고 있었다면 어떻게 되었을까? "천둥소리가 몇 번 들렸지? 소리의 크기는? 번개가 몇 번 번쩍인 거야?" 이렇게 머뭇거리는 동안 갑작스러운 산사태를 피하지 못했거나 식량이 비에 젖거나 휩쓸려갔다면, 제대로 된 삶을 유지하기 힘들었을 것이다. 다행히도 함축 지능은 천둥과 먹구름, 암전 현상을 종합적으로 판단해서 즉시 행동하도록 돕는다. 인류가 지금까지 생존할 수 있었던 이유다.

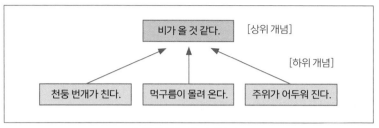

[그림 8] 함축 지능의 작동 구조

함축 지능은 정보를 효과적으로 인식하고 판단하려는 생존 본능에서 시작됐다. 인간은 제한적인 기억 용량과 정보 과잉 때문에 본능적으로 간략한 핵심을 갈구한다. 정보를 응축함으로써 효율적으로 저장하고 기억하려 한다. 인간의 지능은 생존을 위해 인식의 효율성(지능적 최적화)을 강화해 나갈 수밖에 없었고, 중요한 정보, 핵심 내용 위주로 저장하고 기억하게 되었다.

이러한 특성은 거래 상황에서 더 두드러진다. 경쟁 상품이 많고 기능이 비슷한 시장일수록 핵심 메시지 위주로 전달해야 효과적이다. 거래 상대방을 쉽게 이해시켜야 하기 때문이다. 경쟁사 제품이 아니라, 내 제품을 고객의 마인드에 심어야 한다. 강력한 핵심 메시지를 던져야 한다. 이를 누구보다 잘 아는 스티브 잡스도 '한 줄의 키워드나 하나의 이미지' 전략을 사용한 것이다.

정보가 넘쳐나고, 서로의 차이가 모호해지는 시장 상황에서 '핵심 메시지'는 더욱 필요한 영업 기술이다. 함축 지능의 특성을 활용한 전달 능력이 더욱 요구되는 요즘이다.

4-3. 거래에서 핵심 메시지를 잘 활용하는 방법

상품이나 서비스에 이름을 붙이는 이유

"내가 그의 이름을 불러 주었을 때, 그는 나에게로 와서 꽃이 되었다."

학창 시절, 국어 시간에 배웠던 김춘수의 '꽃'이라는 시의 한 구절이다. 이름을 불러 주기 전에는 그저 들판에 핀 이름 모를 풀이었던 것이 이름을 붙이고 나니, 의미 있는 한 송이의 꽃이 되었다는 시에 대한 해석이다. 이름을 붙이는 행위는 중요한 의미를 담고 있음을 알 수 있다.

모든 상품이나 서비스는 이름을 갖게 마련이다. 대부분 기업은 이름 짓기를 당연한 행위라 생각한다. 고객과 소통하기 위해 브랜드를 만들고, 자신의 브랜드를 효과적으로 전달하기 위해 브랜드 전략을 세운다. 브랜드Brand란 제품이나 서비스의 구분을 위해 사용하는 명칭, 디자인, 부호 등의 총칭이다. 그런데 브랜드에는 좀 더 고차원적이고 인지적인 특성이 내포되어 있다. 함축 지능의 작동 원리가 브랜드에 녹아 있기 때문이다. 이와 관련된 얘기를 좀 더 해보자.

어떤 제품에 이름 붙이기는 그 상품을 함축적으로 표현하는 행위다. 제품의 특성을 하나의 명칭으로 축약하므로 핵심 메시지를 담게 된다. 고객은 브랜드나 명칭만 들어도 해당 제품의 이미지를 바로 떠올리게 된다.

사람의 이름도 마찬가지다. 상품의 라벨Label과 같은 역할을 하며 사람을 구분하거나 판단에 활용된다. 특히, 별명은 그 사람의 특징을 축약하는 이름 짓기다. 일반 학생의 약 80% 정도가 별명을 가지고 있다는 조사 결과도 있다.

별명은 개인의 부분적인 특성을 날카롭게 포착하여 개인 삶의 모습을 구체화한 이름이다. 마치 캐리커처와 같다. 캐리커처는 화가가 인물을 그릴 때 특징적인 면을 과장되게 표현한 그림을 말한다. 이처럼 이름 짓기는 어떤 대상에 대해 특징적이고 종합적인 의미를 함축적으로 표현하는 수단이다. 남들이 쉽게 기억하고, 즉시 인지하도록 만드는 도구이다.

가요계에서는 가수의 이름(예명)이나 앨범명에 많은 노력을 기울인다. 2012년 가요계에 B급 가수의 A급 성공을 만들어낸 앨범이 있다. 그 앨범에 실린 '강남스타일'이라는 노래는 유튜브를 통해 국내는 물론, 해외에서도 엄청난 반향을 일으켰다. 강남스타일은 가수 싸이가 스스로 삼류를 표방하고, 초심의 양아치스러움을 되찾겠다며 내놓은 노래다. 강남 스타일을 외치지만, 정작 본인은 배 나오고 살찐 모습을 한 평범한 강북스타일이다.

강남스타일이 실린 앨범명은 '싸이 6甲 Part1'이다. 가수 싸이가 만든 여섯 번째 앨범이다. 앨범명을 그냥 읽으면 '육갑六甲'이 된다. 여기서 사용된 '육갑'은 남이 하는 행동을 비하하거나 흉 볼 때의 의미가 강하다.

가수의 예명인 싸이도 독특한 의미가 있다. Psycho의 앞글자만 딴 이름이다. 싸이라는 이름도 노래의 내용이나 가수의 특징을 잘 표현했다.

강남스타일 뮤직비디오를 보면 육갑하는 싸이를 볼 수 있다. 그래서 앨범명이 더없이 친근하고 자연스럽다. 가수가 가지고 있는 비주류의 저항적 콘셉트를 생각하면 6집 앨범명을 쉽게 잊지 못하게 만든다.

　개인적으로 신용 카드 상품을 개발하면서 이름 짓기의 중요성을 경험했다. 2000년대 초, 주 5일 근무제 도입을 앞둔 시기에 여가생활이 보편화될 것을 예견하고 업계 최초로 주말 여행/레저 특화 카드를 기획했었다. 상품이 세상에 나오기 전에 거쳐야 하는 관문이 내부 유관 부서와의 상품 협의다. 업무 협조 사항이 많기 때문이다. 당시 주 5일 근무를 경험해 보지 못한 상황에서, 주말에 혜택을 강화하고, 영화, 놀이공원, 여행, 레저 등 다양한 여가를 즐길 수 있는 신용 카드를 개발하자는 제안은 공감이 쉽지 않았다.

　시간이 지나면서 상품 서비스가 정리되고 카드 상품의 네이밍을 진행하게 됐다. 상품 이름이 T Class 카드로 정해졌다. Top Class를 상징하면서 품격 있는 Travel Class의 뜻도 담았다. 여기에 시간Time을 즐기고, 함께Together한다는 'T' 이니셜과 연관한 다양한 의미가 함축된 브랜드였다.

　이름이 결정되자 변화가 감지됐다. 그동안 다소 소극적이던 관련 부서들의 태도가 조금은 달라졌기 때문이다. 이전까지는 상품 콘셉트에 대해 의견이 분분하여 좀처럼 공감대를 찾지 못했었다. 개발될 카드 상품을 열심히 설명해도 돌아오는 대답은 "좋긴 한데, 서비스가 복잡한 느낌이야!", "다소 생소해, 고객이 좋아할까?" 여전히 고개를 갸우뚱하는 반응이었다.

상품 브랜드가 결정되면서 소통의 깊이가 달라졌다. 우선 보고서 형식이 바뀌었다. 이전에는 '주 5일제 근무와 주말, 레저 콘셉트의 업계 최초 신용 카드'라는 긴 수식어를 써야 했다. 이름이 생기니 'T Class 카드 활성화 방안'처럼 간단하게 표현할 수 있었다. 간략한 표현 때문인지 몰라도, 관련 부서 실무자의 입을 통해 T class 카드라는 이름이 자주 언급되었다. 상품 서비스에 대한 의견도 하나둘씩 늘었다. 론칭 행사에 소요되는 예산을 받아 내는 품의도 한결 수월하게 진행할 수 있었다.

이름이 갖는 함축적 효과는 캠페인에서도 유감없이 발휘된다. 뇌리에 착 달라붙는 메시지의 힘을 소개한 책 《스틱》에 실린 이야기다. 설립된 지 60년이 넘은 미국 자연보호협회TNC: The Nature Conservancy가 이야기의 주인공이다.

TNC는 전세계 주요 자연 지역을 보호하는 환경 단체다. TNC에서 실행하는 자연 보호 방식은 좀 특이하다. 그들은 보호가 필요한 지역을 합당한 가격으로 사버린다. 더 이상 상업용으로 개발할 수 없도록 매입해서 보호하려는 전략이다. 문제는 돈이다. 땅을 사들여야 하기 때문이다. TNC는 그 비용의 대부분을 후원금으로 충당하고 있다. 따라서 후원금의 규모는 곧 '자연 보호'의 척도였다.

캘리포니아주의 실리콘밸리가 발전하면서, 그 지역의 녹지가 빠르게 훼손되고 있었다. TNC 캘리포니아 지부는 훼손된 지역을 사들이기 위해 모금을 시작하기로 했다. 그런데 시민들의 반응이 시큰둥했다. 캘리포니아 지역 주민들은 "이렇게 살기 좋은 곳인데, 캘리포니아를 구해야 한다고?"라며 이해하지 못하겠다는 반응이었다. 캘리포니아를 보호하자는 의미는 좋은데, 일반 시민들의 가슴에 와닿을 만한 커뮤니케이션이 쉽지 않았다. 많은 후원금이 필요한데, 시민들이 공감하는 이슈를 만들기 어려웠다. 900만 에이커가 심하게 훼손되었다고 얘기하자니, 넓이 단위에 약한 시민에게 900만 에이커를 느끼게 만들기도 어려웠다. 그렇다고 "아름다운 자연을 보호합시다."라는 슬로건은 너무 평이했다.

TNC는 고민 끝에, 막연하고 일반적인 슬로건 대신 명확하고 고유한 의미를 지닌 명칭을 만들기로 했다. 이 지역에는 전망대가 있는 봉우리가 있는데 '해밀턴'이라고 불렀다. 이 봉우리 이름을 따와서 보호 지역 명칭을 '해밀턴 황야'라고 명명했다. "해밀턴 황야의 풍경과 생태를 보호합시다."라는 캠페인은 이렇게 시작되었다. 캘리포니아주의 900만 에이커에 달하는 갈색 잔디밭에 대한 인식은 낮았지만, '해밀턴 황야'라는 브랜드는 보호해야 할 중요한 지역으로 새롭게 인식되기 시작했다. 지역에 있는 갈색 언덕을 버려진 벌판이라는 의미인 '황야'로 부르자, '무엇인가 지원이 필요한 대상'으로 인식하게 된 것이다.

해밀턴 황야는 지역 단체와 정책 입안자의 입에 회자되면서 점차 시민들의 뇌리 속에 자리 잡기 시작했다. 해밀턴이라는 지역 명칭과 조화되어, 그 지역 시민이나 단체에 지원이 필요하다는 공감대를 불러일으켰다. 휴렛 패커드 재단을 필두로 실리콘밸리의 회사들이 연이어 후원

대열에 동참했다. '버려진 황무지, 해밀턴'이라는 단어는 일반 시민에게도 쉽게 와닿았다. 자신이 살고 있는 주변 지대가 버려진 황무지였다는 의외의 생각이 시민들 뇌리에 각인되자, 900만 에이커의 갈색 잔디밭은 새롭게 조명받게 된 것이다. 이제 '해밀턴 황야'는 갈색 언덕을 대신하며 자연환경을 지키는 환경 파수꾼 역할을 수행하고 있다.

브랜드에는 제품의 특징이 반영된다. 브랜드를 생각할 때면 제품의 특징을 같이 떠올린다. 제품의 이미지와 느낌까지도 함께 생각하게 된다. 함축 지능이 핵심 메시지와 연결된 기억을 같이 소환하기 때문이다. 우리는 그동안 상품이 나왔으니 당연히 브랜드를 만들어야 한다고 생각해 왔다. 상품 개발자에게는 너무 당연했던 절차였다. 그러나 이면에는 인간의 의식, 사고의 본질이 감춰져 있었다.

거래 상대방에게 제대로 된 거래 내용을 전달하고 싶은가? 그렇다면 당신의 제안에 브랜드를 붙여라. 제안 내용을 슬로건으로 말해 보라. 부담 없이 수용하는 거래처 담당자의 미소를 보게 될 것이다.

먼저 핵심을 던지고 그다음에 보완하라.

직장인이라면 자주 듣는 말이 있다.

"먼저, 짧게 결론부터 말해 봐." "그래서 결론이 뭐야?"

보고서를 쓸 때는 그 압박이 더 세다. 주장이 명확해야 하고 그 주장을 되도록 앞 단에 제시해야 한다. "포커는 자신의 패를 가장 늦게 오픈

하지만 보고서는 가장 먼저 확실하게 보여 줘야 한다."는 말이 있다. 보고서는 두괄식으로 써야 하고 첫 문단에 핵심 주장을 넣는 것이 정석이다.

우리가 논문을 쓸 때나 긴 설명 자료를 만들 때도 마찬가지다. 맨 앞장에 개요나 요약을 써넣는다. 읽는 이가 대강을 파악한 후 읽으면, 세부 내용을 쉽고 편하게 이해할 수 있기 때문이다. 대부분 자료는 목차가 있다. 목차는 전체 개요를 알려 주는 역할을 한다. 글을 쓸 때도 주제문을 우선 제시하고 여기에 문장을 더해 가며 써 내려가라고 주문한다.

보통은 원인이나 배경을 설명하고 주장을 얘기해야 한다고 생각하지만 듣는 사람 입장에서는 오히려 반대다. 우리는 자신도 모르게 전체를 직감하고 그 내용을 바탕으로 세부를 이해하는 경향이 강하기 때문이다. 더 나아가 사물이나 내용을 직관적으로 인지하려 한다. 유능한 거래 담당자일수록 함축 지능의 특성에 맞게 설명을 이끌어간다. 이들은 먼저 주제(핵심)를 던지고 이후에 설명하는 방식으로 고객과 소통하고 있다.

핵심을 먼저 던지고 시작하는 소통 방식은 삶 곳곳에 녹아 있다. 노래 분야도 그중 하나이다. 한때 가요계에서 짤막한 구절을 반복하여 만든 후크송 전성 시대가 있었다. 이 장르는 가요계를 강타하며 성공 가도를 달렸다. 내로라하는 가수들이 후크송에 동참했다. 후크송은 '갈고리로 걸다Hook'의 뜻에서 볼 수 있듯이 경쾌하면서도 반복적인 음율로 대중을 사로잡는 노래다. 대중들은 좀처럼, 귓속에서 후렴구를 떼어내지 못하고 빠져들고 만다.

후크송은 후렴구를 중심으로 진행된다. 후렴구는 반복되는 음과 가사로 이루어져 있다. 일반적으로 후렴구는 곡의 중간이나 중후반에 배치되지만, 최근의 후크송은 후렴구나 주요 멜로디를 노래 초반, 인트로부터 등장시키는 전략을 구사한다.

인기를 구가하고 있는 아이돌 그룹의 히트곡에서도 첫 도입부터 핵심 멜로디가 나온다. 그 이유는 대중들의 귀를 좀 더 빨리 사로잡기 위해서다. 핵심을 먼저 던져 팬들의 마음을 곧바로 빼앗겠다는 노림수 때문이다.

거래 관계에서는 더욱 강조되어야 하는 전략이다. 아나운서와 쇼호스트를 두루 거친 김효석 박사는 자타가 공인하는 설득의 달인이다. 그는 한 TV 프로그램에서 설득에 대해 강의했다. 강의 초반 자신의 설득 노하우를 알려 주기 위해 청중들에게 냉장고를 팔아 보겠노라고 말한다. 자신의 얘기를 들으면 아마도 냉장고를 바꾸게 될 것이라 자신한다. 홈쇼핑에서 냉장고를 파는 상황을 재현했다. 그가 보여 준 판매 방식은 시작 첫 단계에서부터 핵심 내용 던지기였다.

"냉장고를 구입할 때, 다른 것은 보지 마세요. 홈바Home Bar가 있느냐 없느냐만 보시면 됩니다."

핵심을 초반에 던지면 고객은 궁금해하기 시작한다. "뭐라는 소리야? 그게 정말이야?" 이런 호기심 때문에 채널을 돌리지 못한다고 한다. 이때부터 고객의 궁금증을 차근차근 풀어 주면 된다는 얘기다.

예컨대, 냉장고의 성능은 비슷하므로 에너지 절감 효율이라는 기능에 집중하여 멘트를 진행한다. 냉장고는 집을 며칠씩 비울 때도 코드를 뽑을 수 없는 전자 제품이기에, 절전형 냉장고를 골라야 한다고 설명한다. 이때 아무리 절전형이라도 냉장고 문을 자주 여닫으면 절감 효과가 떨어질 수밖에 없다. 연구에 의하면 냉장고 사용의 30%는 물, 주스 등 자주 먹는 음료 때문이라는 사실을 알려 주고, 이들을 작은 홈바에 담아 관리하면 냉장고 문을 열지 않고도 쉽게 이용할 수 있음을 강조하는 식이다.

고객 자신이 사야 하는 이유를 충분히 이해하는 순간, 홈바가 달린 냉장고를 구매하지 않을 수 없다는 것이다. 김 박사의 설득 방식도 '먼저 핵심을 던지고, 그 내용을 충분히 풀어주기'였다.

유능한 판매 사원의 거래 스킬은 고객의 함축 본능을 잘 활용하는 데 있다. 이들은 자신이 말하고자 하는 핵심을 고객에게 먼저 던져 놓고, 왜 그런가를 다양한 근거를 제시하여 설득한다. 고객은 판매 사원이 던진 어젠다로 전체를 파악한다. 그리고 이후에 설명되는 세부 사항을 고객의 함축 지능이 알아서 받아들이게 만든다.

핵심을 먼저 던지는 이유는 대화의 주제를 명확히 하는 데 도움을 주기 때문이다. 일반적으로 고객은 자신의 기존 생각으로 판매 사원의 말을 이해하려 한다. 만약, 처음부터 핵심 메시지에 공감하지 못하면 듣고 있는 고객 자신의 생각대로 이해하게 된다. 핵심을 던지고 그 중심으로 내용을 풀어나가야 판매 사원이 원하는 방향으로 설득하기가 쉬워진다. 설득의 중심은 판매 사원이 아니다. 듣고 있는 고객이어야 한다. 전하고자 하는 핵심도 고객의 입장, 고객 스스로가 이해하도록 눈높이를 맞추어 주는 것이 중요하다. 고객이 스스로 자신을 설득하게 유도하라. 그 시작은 제대로 된 핵심 메시지에 있다.

똑똑한 한 놈으로 승패를 결정하라.

"저~ 형님, 궁금한 게 있는데요, 거리에서 패싸움할 때요, 여럿이서 한꺼번에 덤비면 어떻게 하세요?"

"백 명이든, 천 명이든 난 한 놈만 패! 며칠 전에도 난 다섯 놈이랑 맞짱을 떴거든! 근데, 난 그중에 한 놈만 붙잡고 팼어! 한 놈만 빠~~악, 한 놈만 빠~~악"

코미디 영화 《주유소 습격 작전》에서 무대포(유오성 분)가 한 말이다. 패싸움에서 한 명을 제대로 제압한다면 분위기가 달라진다. 싸움은 기세인데, 그 기세를 꺾는 효과가 있기 때문이다.

삼국지연의에는 조조가 병사와 군량이 월등했던 원소를 이긴 사건이 나온다. 그 당시 전투는 장수 간 싸움이 중요했다. 원소는 아끼던 장군인 안량과 문추를 출전시킨다. 아쉽게도, 두 장수 모두 조조의 장수에 의해 무너지고 만다. 단지, 두 명의 장수를 잃었을 뿐인데, 원소의 군사들은 싸움에서 기세를 잃고 결국 패하고 만다.

상대방과의 거래 전쟁도 다르지 않다. 거래 성사를 위해 협상이라는 피 말리는 전쟁에서, 다양한 조건을 제시할 수 있는 상황은 드물다. 몇 안 되는 자신만의 핵심 조건을 활용해야 한다. 상대방도 나로부터 얻고

자 하는 바는 중요한 한두 가지의 조건일 경우가 많다. 많이 이기려 하기보다 중요한 한두 개의 상황에서 먼저 승기를 잡아야 한다. 이러한 협상 전략이 거래 성사의 가능성을 더 높이기 때문이다.

심리학에서 다루는 인지 과부하 현상이 있다. 선택의 폭이 넓을수록 만족도가 떨어지고, 심지어 판단을 내리지 못하는 결정 장애를 유발한다는 이론이다. 한 연구팀이 샌프란시스코 대형 마트에서 잼을 가지고 실험했다. 약 30여 종류의 잼을 진열했을 때와 6개 종류만 진열했을 때, 소비자의 구매 비율을 분석했다. 30여 개의 다양한 잼이 진열된 판매대의 구매 비율은 3%에 불과했다. 반면 6개라는 비교적 적은 종류의 잼이 진열된 판매대에서는 30%의 구매가 발생했다. 적정한 선택 옵션을 제시하면 10배가량 판매 효과를 거둘 수 있음을 알 수 있다. 다양한 옵션은 선택을 편하게 하기보다 과도한 정보로 망설임을 증가하게 만들어 '결정 장애'를 유발하게 된다.

함축 지능 입장에서도 이러한 상황은 스트레스다. 구매는 특정 상품을 선택하는 행위이다. 함축 지능은 다양한 옵션을 종합적으로 판단하여 하나를 결정하게 만든다. 검토할 대상이 많다면, 그만큼 생각하고 고민할 사항이 많아져 결정 장애가 나타나기 쉽다. 너무 적어도 문제지만 너무 많아도 종합적이고 합리적으로 판단하기에 적당치 않다.

영업도 마찬가지다. 영업 사원이나 제안자 입장에서 자사의 상품이나 서비스에 대한 장점을 많이 제시하고 싶다. 경쟁사보다 좋은 점을 다양한 시각에서 강조하려 한다. 그러나 받아들이는 입장의 함축 지능은 자신에게 맞는 핵심 메시지를 듣고 싶어 한다. 청자의 함축 지능은 효율적이고 합리적인 판단을 원한다. 핵심 메시지, 즉 사야 할 중요한 한두 가지 이유가 필요한 것이다.

가전 대리점에서 고객이 전자 제품을 구매할 때 어떤 할인 혜택을 제공 해야 할지 고민할 때의 일이다. 당시 우리 회사는 전자 대리점에서 매출을 올리기 위해 회심의 서비스를 개발 중이었다. 세 가지 주요 혜택을 준비했다. 일명 "빅 3 서비스"라 불렀다. 우선, 고가의 전자 제품을 최장 60개월로 분할해서 갚을 수 있는 제로 할부와 고율의 포인트 적립 서비스인 위클리포인트 그리고 신용카드 비회원이라도 혜택받게 하는 현장 즉시 결제 서비스를 말한다.

회사 입장에서는 타 카드사에는 없는 빅 3 서비스 모두를 강하게 어필하고 싶었다. 현장 교육 때 빅 3 서비스에 대한 세부 안내가 진행되었다. 그러나 막상 현장은 "고율의 포인트 할인 서비스, 제로 할부"라는 하나의 메시지로 통용되고 있었다. 장황하고 다양한 서비스의 설명보다는 간단하고 함축적인 핵심 메시지 형태로 자연스럽게 정리된 것이다.

평창 동계올림픽을 유치하고 세계를 감동시킨 프레젠테이션의 국가 대표 나승연 대변인도 핵심 메시지 전달의 중요성을 강조하는 인물이다.

"프레젠터의 의도나 목적이 아무리 좋아도 너무 많은 정보를 주면 청중은 받아들이지 못합니다."

2018년 동계올림픽을 유치한 경험에서 나온 조언이었다. 나 대변인이 올림픽 총회 초기에 발표한 내용을 소개했다.

"평창의 클러스터 콘셉트는 매우 콤팩트하고 효율적입니다. 모든 경기장은 올림픽 스타디움으로부터 30분 내 거리에 있으며 참가 선수들의 90%가 선수촌으로부터 경기장과 연습장까지 5분에서 10분 이내에 도착할 수 있습니다. (중략) 알파인 선수들은 중봉에 위치하여 접근이 용이한 192개의 호텔에 묵게 될 것이며, (중략) 이곳에 묵은 선수들은 알펜시아와 코스탈 올림픽 선수촌에서 제공되는 것과 동일한 최고 수준의 서비스를 즐길 것입니다."

우리나라의 경기장 조건은 좋은 점이 너무 많았다. 그러다 보니, 전달할 내용이 많았다. 첫 발표 이후 내부 리뷰 회의에서 너무 많은 정보를 전달하려 했다는 지적이 있었다. 세세한 나열을 줄이고 '편리하고 효율적인 숙박 시설'이라는 핵심 주제에 집중하자는 의견이었다. 다음 총회에서는 핵심 주제 중심으로 발표 내용이 간략하게 간추려졌다.

"모든 경기장은 올림픽 스타디움으로부터 30분 내 거리에 있으며 참가 선수들의 90%가 선수촌에서부터 경기장과 연습장까지 5~10분 이내에 도착할 수 있습니다.
그리고 나머지 10% 선수들은 위해서도 대체 숙박 시설을 마련하여 모든 선수가 10분 이내에 도달할 수 있도록 할 것입니다."

가장 전달하고 싶은 메시지 중심으로 정리가 되니 내용이 간결해지고 의미도 명확해졌다. 경쟁 국가들로부터 다양한 정보를 들어야 하는 올림픽 총회 관계자들에게 "선수단의 숙박 시설은 경기장으로부터 10분 이내에 있다."라는 명확한 메시지면 충분했다.

영업 현장의 고객도 마찬가지다. 쏟아지는 제품 정보를 접하고 있는 고객들에게 거래 담당자들은 여전히 할 말이 많다. 아쉽게도 정보가 많을수록 고객의 수용도는 그만큼 떨어진다. 고객의 습성, 함축 지능의 속성을 감안해야 한다. 고객이 쉽게 받아들일 수 있는 공감 메시지가 필요하다. 공감 메시지는 고객이 이해할 만한 단어를 고르는 것부터 시작한다. 그런 후 한두 가지로 압축해야 한다. 이미 많은 정보를 알고 있는 고객은 꼭 듣고 싶은 '핵심'에만 반응하기 때문이다.

인간의 함축 지능은 본능적으로 '효율'에 집착한다. 복잡한 설명에 에너지를 많이 소비하고 싶지 않다. 간략히 듣고 판단하려 한다. 수적으로 불리한 싸움에서 한 놈만 팬다는 전략은 불가피한 선택일 수 있다. 그런데, 한 명을 제대로 처리하면 여러 명을 상대한 것 같은 '임팩트'가 있다. 여러 장점보다 똘똘한 '한 놈'을 강조해야 하는 이유이다.

고객과 싸움은 태생적으로 불리하다. 이를 극복하기 위해 거래 담당자는 가장 자신 있는 강점을 선정해서 집요하게 공략해야 한다. 한 놈이다. 그놈만 잡으면, 고객과의 싸움에서 승기를 잡을 수 있다.

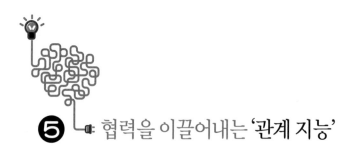

⑤ 협력을 이끌어내는 '관계 지능'

5-1. 사회 생활에서 중요한 관계 형성

업무 능력보다 더 중요한 요소

MBC 프로그램 '우리들의 일밤'에서 아나운서 공개 채용 오디션을 방영한 적이 있다. 단 3명만 정식 아나운서로 채용될 예정인데, 무려 5,000여 명이 지원하면서 뜨거운 경쟁이 펼쳐졌다. 두 명씩 경쟁하는 구도이며, 각각 수행한 미션을 심사위원이 평가하여 탈락자를 가려내게 된다. 지면 탈락하는 서바이벌 형태로 진행하다 보니, 참가자들의 열정과 절실함이 그대로 묻어났다.

이번 미션은 '물건을 활용하여 자신을 표현하라!'는 주제였다. 발표 시간이 되었다. 먼저 남성 경쟁자가 앞에 있는 탁자의 보자기를 걷어 냈다.

동그란 탁자 위에는 에스프레소(커피) 머그잔이 놓여 있었다. 남성 경쟁자는 "에스프레소는 커피의 원액이며 어떻게 사용하냐에 따라 다양한 커피 맛을 내듯, MBC에서 찾는 원석, 에스프레소 같은 남자가 되겠다."고 자신을 소개했다.

여성 경쟁자의 차례가 됐다. 그녀의 얼굴에는 왠지 모를 자신감이 넘쳤다. 그녀 또한 탁자 위의 보자기를 걷어 냈다. 순간, 다른 참가자들과 심사위원들이 술렁이기 시작했다. 탁자 위에는 남성 경쟁자와 똑같은 에스프레소 머그잔이 놓여 있었기 때문이다. "이 머그잔 안에는 (커피가 아닌) 식혜가 들어 있습니다. 저는 보기와 다르게 남자 못지않은 음색, 춤과 노래도 겸비한 변화무쌍한 능력을 소유한 반전의 여왕입니다."라며 자신감 있게 자신을 소개했다.

분위기는 '반전의 여왕'을 발표한 여성 경쟁자에게 유리하게 흘러가고 있었다. 한 심사위원이 "같은 물건으로 발표했으니 상대방 발표를 서로 평가해 달라."는 요청을 했다. 남성 경쟁자는 여성 경쟁자의 의외성과 반전이 참신하다며 칭찬을 아끼지 않았다. 그런데 여성 경쟁자의 답변은 좀 달랐다. 상대방 발표에 대한 평가가 아닌, 자신이 왜 에스프레소 머그잔에 커피가 아닌 식혜를 담게 되었는지를 말하고 있었다. 이때 심사위원 한 명이 여성 경쟁자에게 반문한다.

"상대방의 발표 내용을 평가를 해달라고 했는데 ... 자신의 말만 ...."

순간, 여성 경쟁자의 표정은 당황한 모습이 역력했다. 몇 마디의 변명을 해보지만, 분위기만 어색해질 뿐이었다. 심사위원이 그녀에게 다시 질문을 던졌다.

"상대 남성 경쟁자가 에스프레소를 어떻게 사용한다고 말했는지 설명해 주세요."

여성 경쟁자는 잠시 머뭇거리다가 난감한 표정으로 대답한다. 상대방의 발표 내용을 제대로 듣지 못했다는 고백이다. 자신의 발표에만 몰두하다가 상대방을 신경 쓰지 못한 것이다. 두 사람의 대결에서 최종 승자가 발표되었다. 안타깝게도 오디션에서 더는 그녀를 볼 수 없었다. 경쟁자보다 더 좋은 발표를 해 놓고도, 배려와 공감 능력이 부족했을 때, 집단의 판단은 냉정했다. 개인의 능력보다 조직의 가치관과 관계 형성이 더 중요한 평가 요소였기 때문이다.

인류는 규율이나 협력을 통해 집단을 유지하려는 성향이 강하다. 인간 개개인의 능력은 보잘것없다. 밀림의 다른 동물과 비교해서 힘으로나 스피드로나 우월하지 못하다. 약육강식의 자연환경에서 사자의 먹잇감으로 사멸될 수밖에 없는 존재였다. 그럼에도 인류는 사자를 이겨 내고 최상위 자리에 우뚝 섰다. 그만큼 집단의 힘과 결속력은 인간의 생존 경쟁력에 중요한 요소다.

집단의 결속력을 견고하게 유지하는 힘은 어디에서 나오는 걸까? 그중 하나가 공감 능력이다. 인간은 본능적으로 남을 이해하고 타인의 감정을 헤아리려고 한다. 이러한 성향이 집단을 유지하고, 결속력을 강화하는 원동력이 되었다. 남을 배려하는 마음은 결국 자기 자신을 위한 행위다. 사회 구성원과 관계를 잘 맺어야 무리의 보호 속에서 안전하게 살아갈 수 있기 때문이다. 공감 능력은 사회화의 중요한 요인으로 작용해 왔다. 여기에 더하여, 공감 능력은 모방을 통해 상대방과 동조하려는 경향을 보인다. 모방한 행동이나 제스처는 상대방과 동질감을 유발하고 소속감을 증대시켜 협력을 견고하게 만든다. 이러한 능력은 타고난 본능에 가깝다.

첫째 아들의 돌이 갓 지났을 무렵이다. 퇴근하고 현관문에 들어서며 아이를 볼 때면 "까꿍" 하고 미소를 건네곤 했다. 아이도 얼굴 가득 환한 미소를 담아 반응했다. 아기도 나만큼 반가워서일까? 아이의 웃음과 반응은 그저 그런 행동이 아니다. 생존 차원의 지능적 행위다. 부모의 행동을 따라 하며 동질감을 유발하려는 생존 본능인 것이다.

아기들의 생존 능력은 부모와 관계에서 성장한다. 아기는 부모의 표정을 읽고 그 행동을 모방하면서 커간다. 상대방이 좋아하는 행동이 무엇인지 본능적으로 느낀다. 태어난 지 얼마 안 된 신생아 때, 엄마가 혀를 내밀면 엄마를 따라 혀를 내미는 흉내도 그렇다. 부모의 행동에 동조함으로써 동질감을 유발하고 공감을 이끌어내기 위함이다. 부모와 상대하며 길러진 공감 능력은 점차 가족, 친지, 타인으로까지 대상을 넓혀 나간다.

인간은 태생적으로 사람과 관계하며 자신이 원하는 것을 얻고 산다. 이 때문에 사회가 형성되고 함께 생활하며 주고받는 관계가 형성된다. 자연스럽게 거래가 발생하면서 생존 수단의 하나로 자리잡게 되었다.

공감 능력은 거래 관계에서 더욱 요구되는 지능이다. 상대방이 원하는 것이 무엇인지 파악해야 하고, 내가 가진 것을 상대방이 어떻게 생각하는지를 가늠해야 하기 때문이다. 고객은 진심을 담아 응대하는 영업 사원에게 공감하며 구매를 결정하곤 한다. 공감을 잘 이끌어내는 영업 사원은 강직한 고객의 마음도 무너뜨리고 판매에 성공한다.

수입차 판매왕 신동일 이사는 '대도서관 잡쇼'라는 유튜브 방송에 출연하여 자동차 영업 입문 초기의 경험담을 들려주었다. 첫 차를 판매하면서 겪은 이야기였다. 여성 사업가를 고객으로 만났는데 질문도 많고 성격이 급했다고 한다. 그녀는 경쟁사 브랜드를 언급하며 어떤 장점이 있는지를 물었다. 판매 초보 시절이라 그 자리에서 제대로 답변하지 못했다. 실망한 고객은 바로 가버렸다. 신 이사는 이에 굴하지 않고 그 고객의 질문 내용을 꼼꼼히 정리했다. 여러 가지 문의에 대한 관련 자료를 고객의 집으로 보냈다. 이렇게 약 10여 차례에 걸쳐 필요하다고 생각되는 자료를 나름 정리하여 전달했다.

11번째 자료를 보낸 다음 날 그 고객에게서 한 통의 전화가 걸려 왔다. 그 여성 사업가는 어제 자신이 새벽 2시에 집에 들어왔는데 그때 없던 자료를 이른 아침에 신문을 가지러 갈 때 보았다면서, 몇 시에 자료를 갖다 놨냐고 물었다. 신 이사는 자료를 찾고 정리하는 데 시간이 걸려 새벽 2시가 좀 넘은 시간에 댁에 갖다 놓고 퇴근했다고 대답했다. 그 일로 여성 사업가는 감동했는지, 얼마 후 자동차 매장에 찾아와 구매 계약을 체결 했다는 것이다. 그렇게 그녀는 신 이사의 첫 고객이 되었다.

신 이사의 성실한 태도와 열정, 자신이 원하는 자료를 작성해서 늦은 시간에도 갖다 놓는 노력이 그녀의 관계 지능을 자극한 것이다. 비록 신 이사의 노력하는 모습을 직접 보진 않았지만, 그녀의 관계 지능은 신 이사의 노력과 피곤함을 마음으로나마 느꼈을 것이다. 신 이사에게 차를 사지 않고는 배길 수 없었다.

뛰어난 영업 고수들은 인간관계의 작동 원리를 잘 활용한다. 타인과의 교류와 협력, 상호 의존성은 물론, 개인이 갖는 관계 지능의 특성을 잘 파악하며 활용한다. 인간은 사회적 동물이다. 고객도 그렇다. 이들은 사회에 속하려 하고 순응하려는 본성이 있다. 자신이 맺고 있는 인간관계의 틀을 벗어날 수 없다. 사회에서 작동하는 관계 지능을 잘 이해하고 활용하는 거래 담당자가 고도의 거래 지능을 가진 영업 고수이다.

5-2. [원리] 상대방을 공감하는 능력, 거울 뉴런

인간은 어떻게 사회적 동물이 될 수 있었을까?

"공감이 없는 사회생활이나 사회조직은 상상조차 할 수 없다."

미래학자이자 세계적인 경제학자인 제러미 리프킨Jeremy Rifkin이 자신의 저서 《공감의 시대》에서 주장한 말이다. 공감은 다른 사람의 감정 상태를 수용하고 대리 체험하는 인지 능력이다. 리프킨은 인류가 경쟁이나 자기 이익만 추구하는 존재가 아니며, 서로에 대한 공감 능력을 바탕으로 거대 사회 집단을 이룩했다고 말한다.

인간의 사회 집단 규모는 다른 영장류의 수준을 뛰어넘는다. 공감 능력을 바탕으로 관계 지능이 발달하여, 상호 협력하는 대규모 문명 사회를 형성할 수 있었기 때문이다. 관계 지능의 가장 두드러진 기능은 사회성이다. 역사학자이자 미래학자인 이스라엘 히브리대학교 유발 하라리Yuval Noah Harari 교수도 인류의 생존 원인을 우수한 집단화 능력으로 꼽았다. 호모 사피엔스가 여타 동물은 물론 유사한 인종인 네안데르탈인이나 데니소바인을 제치고 인류의 주인공이 된 이유도 군집 능력 때문이라는 것이다.

"자연계의 침팬지 무리 수는 약 20~50마리 정도였다. 네안데르탈인은 약 50~150명 수준이었는데, 호모 사피엔스는 수백, 수천 명이 군집을 이루고 집단을 형성하는 능력을 가졌다. 이러한 능력은 사피엔스를 먹이 사슬의 최정점에 올려놓았다."

하라리 교수는 대규모 집단 문화를 형성할 수 있는 종족과 그렇지 못한 종족의 생존 경쟁은 자명하다고 했다. 네안데르탈인은 사피엔스보다 몸집도 크고, 근육도 발달한 인류였다. 그러나 정적이고 전통적인 협력 패턴만 갖고 있어 무리의 확장에 한계가 있었다. 반면 사피엔스에겐 수백, 수천의 무리가 협력할 수 있는 능력이 있었다.

만약 150명의 힘이 센 네안데르탈인과 융통성이 많고 창의적인 500명의 사피엔스가 싸운다면 이 싸움의 결과는 어떠했을까? 설령 첫 싸움에서 네안데르탈인에게 졌다 하더라도 사피엔스는 곧바로 이기는 전략을 협의하고 더 많은 인원으로 네안데르탈인을 공격하여, 결국 제압했을 것이라고 말한다.

인류는 다른 동물에 비해 생물학적으로 나약하다. 사자나 호랑이같이 강한 턱과 뾰족한 송곳니를 갖지 못했다. 먹이를 낚아채는 날카로운 발톱과 순간 스피드를 내는 탄력적인 다리도 없다. 더구나 태어나면서 바로 서지도, 제대로 움직이지도 못한다. 나약한 자신의 약점을 무리 구성 능력으로 대응할 수밖에 없었다. 이러한 군집 능력은 생존 차원의 문제였다. 무리를 구성하고 협력해서 공동의 목표를 달성할 수 있는 능력이 필요했다. 누구와도 어울리고 서로 간의 교류를 만들어 내는 관계 지능이 자연스럽게 발달하게 되었다.

이러한 공감 능력은 생물학적 측면에서도 확인되었는데, 뇌과학적으로 신경 세포 단위에 공감 기능이 장착되어 있음을 발견한 것이다. 이는 이탈리아 신경 생리학자 자코모 리촐라티Giacomo Rizzolatti팀의 실험에서 밝혀졌다. 다른 실험을 하기 위해 뇌 속에 전극 장치를 설치한 마카카 원숭이가 우연히 건포도를 집는 연구원을 보게 됐다. 그때, 원숭이의 뇌 안에 심어 놓은 전극이 반응하면서 신호음이 발생했다. 확인 결과, 원숭이의 특정 뇌부위는 다른 사람의 행동을 보기만 해도 자신이 직접 행동할 때 흥분하는 부위가 동일하게 흥분한다는 사실을 알게 되었다. 그 후 이러한 반응을 '거울 뉴런(신경 세포)Mirror Neuron 현상'이라 명명했다. 직접 경험하지는 않았지만, 내 머릿속에 상대방의 행동이 거울처럼 비치면서, 마치 자신이 직접 행동할 때와 동일하게 반응하는 신경 세포가 존재한다는 이론이다.

또 다른 연구에서는 시각적 장면뿐만 아니라 청각 자극으로도 거울 뉴런이 반응한다는 사실을 확인했다. 실험 참가자에게 헤드폰을 씌우고 콜라 캔 따는 소리나 종이를 찢는 소리 등 청각 정보를 들려줬다. 실험 결과, 직접 콜라 캔을 따거나 종이를 찢는 행동을 할 때 반응하던 뇌부위가 동일하게 활성화된 것이다.

더 나아가 거울 뉴런은 상대방의 감정(정서)에도 반응한다. 외부의 감정 자극, 불쾌한 냄새나 역겨운 맛을 느낄 때 반응하는 뇌부위가 뇌섬엽이다. 감정적 자극을 처리하는 곳인데, 실험 참가자들은 영상으로 배우들이 불쾌한 냄새에 토할 듯한 얼굴 표정을 보는 것만으로도 뇌섬엽 부위가 활성화되면서 표정이 일그러졌다. 역겨움을 동일하게 느낀것이다.

인간은 타인이 겪은 행동이나 정서, 감정을 직접 경험하지 않고, 보거나 상상만으로도 동일하게 느낄 수 있다. 상대방의 표정을 흉내 내고 모방하며, 타인의 처지를 공감할 수 있는 거울 뉴런이 존재하기 때문이다.

친구 부모님이 돌아가신 장례식장에서 친구와 같이 슬퍼해 줄 수 있는 마음, 슬픈 영화 속 주인공의 눈물을 보고 나도 같이 눈물이 나는 감정, 도서관에 가면 남들과 같이 조용하게 책을 보게 되는 태도 등 대부분이 거울 뉴런의 작동에 기인한다. 개그 프로그램에서 관객의 웃음소리를 들려주는 이유도, 야구나 축구 중계 방송 때 홈런이나 골이 들어간 상황에서 기뻐하는 관중을 보여 주는 이유도 마찬가지다. 이 모두는 거울 뉴런을 자극해서 공감을 증폭시키려는 조치다.

집단이 커지면서 거대 사회를 구성하려면, 구성원이 집단의 규범과 역할을 준수하고 협력할 수 있는 능력이 있어야 한다. 《사회 지능》의 저자, 대니얼 골먼Daniel Goleman은 이러한 능력과 관련한 '거울 뉴런'의 기능에 대해 다음과 같이 주장한다.

"거울 뉴런에서 알 수 있었던 것처럼 뇌는 상대의 의도에 따라 우리 자신을 조율한다."

거울 뉴런의 기능 덕에 인간은 집단의 의도나 규범을 잘 파악하고 동조화하려는 경향이 강해졌다. 본능적으로 자신을 집단의 기준에 맞추려 노력한다. 집단의 행동에 얼마나 민감하게 반응하는지 다음 실험에서 확인할 수 있다.

실험은 시내 한복판 횡단보도에서 진행됐다. 횡단보도 건너편에 스태프 한 사람이 서 있다. 그는 곧 팔을 들어 검지 손가락으로 하늘을 가리킨다. 시선도 하늘 어딘가를 바라보고 있다. 횡단보도에 파란불이 들어오자 사람들이 맞은편 스태프가 있는 쪽으로 걸어가기 시작했다. 횡단보도를 건너는 사람들은 그 스태프에게 눈길 하나 주지 않고, 자신의 길을 가기에 바빴다. 이번에는 두 명의 스태프가 똑같은 장소에서 손을 들어 같은 하늘 방향을 가리킨다. 횡단보도를 건너던 행인들은 힐끗 바라만 볼 뿐 여전히 길을 재촉하며 지나갈 뿐이었다. 이번에는 세 명이 동시에 하늘을 쳐다보며 같은 방향으로 손가락을 가리켰다. 횡단보도에 파란불이 들어오자 행인들이 건너기 시작했다. 그런데 이번에는 몇몇 사람들이 횡단보도를 건너오자마자 스태프들이 가리키는 하늘을 쳐다보고 웅성거리기 시작했다. 하늘을 가리키는 스태프들이 4명, 5명으로 많아질수록 더 많은 행인이 덩달아 하늘을 올려다보았다.

이 실험은 하버드대학 심리학과 스탠리 밀그램Stanley Milgram 교수가 주장한 제3의 법칙을 확인하는 실험이다. 동조 현상이라고 하는데, 인간은 3명부터 집단으로 인식하는 경향이 있으며 집단의 기준이나 행동에 본능적으로 적응하려는 현상을 증명한 실험이었다.

거울 뉴런은 상대방이 가지고 있는 상황이나 감정을 이해할 수 있는 지능이다. 서로 공감하고 협력하며 도와주는 존재가 인간이며 이를 가능하게 하는 능력이 관계 지능이다.

판매 직원이 진심으로 고객에게 다가간다면 고객은 특별한 이유가 없는 한 그의 성의를 받아들인다. 거울로 나를 비춰보듯 거래 상대방의 모습을 마음속으로 그려 보고 상상할 수 있기 때문이다. 거래가 있는 곳에는 어느새 그들의 입장을 지능적으로 공감하는 관계 지능이 작동하게 된다. 관계 지능은 거래 상대방의 입장에서 거래를 풀어나가도록 도와주는 꾀가 많은 조언자이다.

5-3. 성공적 거래를 위한 인간관계 활용의 법칙

인적 네트워크의 구축 및 활용

인간은 집단의 일원으로 살아가려는 사회화 본능이 강하다. 한 명의 개인은 한 가족의 일원이자, 회사의 직원, 종교 단체의 신도, 각종 모임의 회원 역할 등 복잡하고 다양한 관계를 형성하며 살아간다. 이러한 사회 관계에서 알 수 있듯이, 인간은 안전하고 풍요로운 삶을 위해 네트워크를 구성하거나 참여하려는 '관계 지능'이 발달했다.

최근, 디지털 기술과 이를 기반으로 다양한 커뮤니케이션 서비스가 개발되면서, 인적 네트워크를 쉽게 확장할 수 있게 되었다. 디지털 인프라를 활용한 인적 네트워크 형태는 강한 연대Strong Tie와 약한 연대Weak Tie로 구분한다.

강한 연대는 가족, 친구, 친척과 같은 인맥들이다. 정서적인 관계로 엮여 있으며, 사생활과 관련된 내용까지 공유하고 상대방의 소소한 일상에도 관심을 가진다. 반면 약한 연대는 회사나 종교 단체, 기타 동호회에서 얼굴을 아는 정도의 관계이다. 나와 긴밀한 관계가 아니기에 특별히 도움이 안 되리라 생각하기 쉽다. 그런데 비즈니스적으로는 약한 연대의 사람들로부터 받는 도움을 무시할 수 없다. 다음 연구 결과에서 그 사실을 확인할 수 있다.

스탠퍼드 대학의 마크 그라노베터Mark S. Granovetter 교수팀이 구직 정보와 연대 관계를 조사했다. 취업에 성공한 사람들을 대상으로 일자리 정보를 제공한 사람과의 관계를 조사한 것이다. 결과가 의외였다. 인맥을 통해 직장을 구한 구직자 대부분은 약한 연대 관계에 있는 사람들로부터 새 직장을 소개받았다는 사실이다. 자주 보는 친척이나 친구로부터 소개받은 사람은 16.7%에 불과했고, 83.3%는 이따금 보거나 평소에 거의 만나지 못하는 지인들로부터 도움을 받은 것이다.

왜 이런 결과가 나온 것일까? 그 이유는 약한 연대가 새롭고 효율적인 정보 교류에 유리한 관계이기 때문이다. 강한 연대 관계에 있는 사람들은 자신과의 생활 패턴이나 사고방식이 비슷하다. 또한 공통의 인맥이나 중첩된 관계가 많다. 다시 말해 비슷한 정보나 환경에 처해 있기에, 접하지 못한 새로운 정보나 인맥을 소개받을 가능성이 상대적으로 적다. 오히려 약한 연대의 관계로부터 새로운 정보나 인맥을 형성할 가능성이 크다. 여기에, 부담이 덜한 측면도 있다. 부담 없이 소개해 주고, 결과를 부담 없이 받아들일 수 있는 관계가 약한 연대이다.

최근 사회 풍조도 강한 연대보다 느슨한 관계가 확산되는 분위기다. 1인 가구가 증가하면서 혼자만의 여유와 자신만의 시간을 가지려는 사회 현상이 강해지고 있다. 사람 관계를 피해서 혼밥, 혼술이 보편화되기도 하고, 같은 취미나 생각을 가진 사람들이 사회관계망SNS을 매개로 부담 없이 만나 생각을 공유하기도 한다. 가족이나 직장 상황을 묻지 않고 불편한 사적 내용을 알려고도 하지 않는다. 주로 취미나 모임 취지에 맞는 내용만 공유한다.

부담 없고 느슨한 유대 관계는 창조적인 시너지를 만들기에도 좋은 조건이다. 직장 내에서 창의적이고 독창적 아이디어를 발휘하는 사람은 약한 연대를 많이 가진 사람들이었다는 조사 결과도 있다. 디지털화가 진전되면서 약한 연대는 더욱 확산 추세다. SNS나 온라인 서비스를 통해 느슨한 인맥을 형성하는 수단이 많아지고 있기 때문이다.

그렇다면, 한 개인은 얼마나 많은 사람과 인적 네트워크를 맺을 수 있을까? 우선, 나 자신의 휴대 전화에 몇 명의 전화번호가 저장되어 있는지 확인해 보라. 이 사람 중에 당신의 경조사에 올 만한 사람이 몇 명인지도 세어 보라. 이 숫자가 당신이 맺은 인간관계의 실질적 숫자이다.

이러한 셈법은 미국의 전설적인 자동차 판매왕, 조 지라드Joe Girad의 주장이다. 그는 12년 연속 미국에서 판매왕에 올랐고 기네스북에도 이름을 올린 영업의 고수이다. 그런 그가 1:250의 법칙을 주창했다. 한 사람이 평균적으로 맺을 수 있는 인간관계의 범위를 250명으로 규정한 것이다. 친척 결혼식에 참석한 하객이나 지인 장례식의 조문객 수를 확인하면서 얻은 결과였다. 한 사람과 좋은 관계를 맺으면 250명에게 호감을 얻을 수 있다는 철학은 그렇게 갖게 됐다고 한다.

학문적으로 인맥의 범위를 연구한 학자가 있다. 옥스퍼드대학교 문화 인류학자인 로빈 던바Robin Dunbar 교수이다. 한 사람이 관계할 수 있는 인간관계의 수를 좀 더 실증적으로 정리했다. 이를 던바의 수라고 한다. 그는 아프리카의 야생 원숭이와 침팬지의 집단생활을 관찰하면서, 유인원이 무리와 어울리며 사회적 관계를 유지하는 규모를 확인했다. 이를 근거로 인간 집단의 적정 규모를 평균 150명 수준으로 정의했다. 사회적 관계를 유지하는 일은 고도의 지능이 필요한 행위이며, 인류는 다른 영장류보다 뇌의 용량이 크기 때문에 이를 고려한 수치라고 했다.

디지털 시대에 접어들면서 개인 휴대 전화를 기반으로 페이스북, 인스타그램, 카톡, 밴드, 링크드인 같은 다양한 인맥 관리 서비스가 등장했다. 디지털 기술에 의해 인간관계는 이전과 비교할 수 없이 넓어졌다. 물리적으로 직접 만나거나 편지, 지인을 통해 교류할 때와는 차원이 다른 수준이다. 실제로 한 번도 만나지 못했거나 전화 통화조차 하지 않았어도 친구가 될 수 있는 요즘이다. 약한 연대가 보편화되면서 자기와 관심사가 같거나 공감 가는 상대에게 '좋아요'를 흔쾌히 눌러준다. 인스타그램이나 카카오톡과 같은 SNS로 관계 맺기가 증가하다 보니, 페이스북의 경우 개인 계정의 친구 수를 5,000명으로 제한하기에 이르렀다.

디지털 서비스를 활용해서 개인이 맺을 수 있는 인맥의 최대 규모는 상상을 초월한다. 세계 최대 인맥 사이트 링크드인 창업자 리드 호프먼 Reid Hoffman 의장의 셈법은 이렇다. 링크드인에는 '네트워크 통계'라는 기능이 있다. 이를 통해 대략의 규모를 가늠할 수 있다. 네트워크 통계란 링크드인 가입자와 '최대 3단계 안에 연결되는 사람들의 수'를 보여 주는 서비스를 말한다. 내가 직접 알고 있는 지인이 1단계이고, 지인의 지인들을 2단계, 2단계 지인의 또 다른 지인들을 3단계 인맥이라 한다. 3단계까지를 서로 간에 영향을 미칠 수 있는 인맥 관계로 정의한 것이다.

 호프먼은 개인 평균 170명의 지인을 갖고 있다고 전제했는데, 이 숫자는 제라드의 250명보다는 적고, 던바 교수의 150명보다는 약간 많은 수치다. 이 숫자를 근거로 3단계 내에 최대 200만 명 수준의 비즈니스 네트워크를 가질 수 있다는 계산 결과를 얻었다. 우선 1단계 지인이 약 170명이고, 2단계는 1단계 지인들과 연결된 사람들이 각각 170명이라는 점을 고려하면 약 28,900명의 지인이 발생할 수 있고, 이들이 각각 또 다른 170명을 알고 있다는 셈법이다. 이때 중복되는 관계를 감안하여 제외하면, 약 200만 명 수준으로 계산된다는 것이다. 양적인 인맥 확대가 거래나 사업에서 반드시 필요 조건은 아닐 수 있으나, 약한 연대 관계의 영향을 감안하면 거대한 디지털 인맥의 잠재력을 무시할 수는 없다.

 시대가 변하면 인간관계의 형태도 변하게 마련이다. 원시 시대나 조선 시대의 인간관계가 다르듯, 현대 생활의 인간관계도 이전과 다른 많은 변화가 있었다. 그럼에도 변하지 않는 인간관계의 원리는 사회화 본능이다. 서로를 공감하고 배려하는 가운데, 다양한 거래가 발생하는 구조는 예나 지금이나 변함없다. 다만, 관계가 다변화되고 커지면서 시스템화되고 있을 뿐이다. 영업의 고수라면 이러한 흐름에, 적응 차원을 넘어 앞서 수용하고 리드해야 할 것이다.

거래의 성공 공식 = 가치 × 연결망

인적 네트워크가 풍성하면 성공을 보장받을 수 있을까? 지능화 시대에 걸맞게 약한 연대를 많이 맺을수록 좋은 것일까? 이러한 물음에 나름의 해법을 제시한 전문가가 있다.《성공의 공식 포뮬러》를 저술한 앨버트 라슬로 바라바시Albert Laszlo Barabasi 교수는 간결하게 하나의 공식을 제시한다.

"성과 + 연결망 = 개인의 성공"

좋은 연결망(인맥)은 성공하기 좋은 환경이다. 저자는 미국의 패션 디자이너 겸 방송인 킴 카다시안Kim Kardashian이 세계적으로 영향력 있는 인물에 오른 이유가 소셜네트워크SNS를 잘 활용했기 때문이라 했다. 사람 간 연결망의 중요성을 강조한 말이다. 그럼에도 사람의 성과(능력)가 바탕이 되지 않으면 연결망으로부터 인정받거나 인기를 얻기 힘들다는 의미이기도 하다. 킴 카다시안이 가진 다양한 탤런트 없이 그저 소셜 네트워크를 이용했다고 저명하고 영향력 있는 셀럽이 되었다고 말할 수 없기 때문이다. 결국, 개인의 성과가 연결망에 잘 전파되었을 때 개인의 성공이 발현된다. 인맥을 활용해서 성공하려면 "나 자신이 남에게 얼마나 가치 있는 존재가 될 수 있느냐?"가 전제인 것이다.

인류는 군집 능력을 기반으로 번영해 왔다. 거대 집단을 유지하고 성장시키기 위해서는 다른 집단과의 교역, 기술을 교류하는 경제 활동 능력은 필수였다. 서로 주고받는Give&Take 거래 없이 집단을 유지하기 힘들기 때문이다. 사회학자 호만스G. Homans의 사회 교환 이론Social Exchange Theory은 좀 더 명확하게 그 이유를 제시한다. 집단의 관계가 잘 유지되기 위해서는 서로에게 이익 관계가 존재해야 연속성을 가질 수 있다는 주장이다.

"모든 사회적 상호 작용에는 교환이 관계되어 있어서, 지급해야 할 비용보다 보상이 클 때 집단의 관계가 잘 유지된다."

남에게 도움을 줄 수 있어야 안정적인 인적 네트워크의 구축이 가능하다는 말인데, "내가 남에게 도움을 줄 수 있는 능력이 있기나 한가?"라는 고민이 있다. 가진 재원도, 남보다 뛰어난 경력도 없다. 언변이 좋거나 외모가 출중하지도 않다. 남을 도와줄 형편도 못 되니 인맥 쌓기는 포기해야 하나 걱정이 앞선다.

사람 부자라는 소리를 듣는 머니쉐프 배명숙 대표는 그렇게 걱정할 필요는 없다고 말한다. 그녀는 남에게 도움이 되는 인맥 쌓기 기술이 특별하고 어려운 일만은 아니라고 말한다. 인맥 쌓기의 기본은 금전적인 것보다 작은 배려가 우선이며, 그 이유를 배려 자체가 남을 돕는 개념이기 때문이라 했다. 배려는 좋은 인품에서 나온다. 사람을 잘 사귀고 거래 관계가 좋은 사람들을 보면 성품, 즉 인간성이 좋다. 다른 인간관계 전문가들도 인맥 쌓기는 "인간미가 먼저"라고 조언하고 있다.

인간미를 갖추는 것은 거창하거나 대단하지 않은 능력이라 생각할수 있다. 높은 사회적 지위나 재력이 요구되는 것도 아니다. 다만, '나' 중심에서 '상대방' 중심으로 관점을 바꿔야 하며, 배려를 위한 노력과 자기 관리가 필요하다. 상대방을 존중해 주는 자세가 몸에 배기가 쉽지 않기 때문이다. 특히, 남들보다 우월한 상황이나 높은 지위일수록 더 어려운 일이 된다.

중국 역사상 가장 존경받는 총리 중 한 사람인 저우언라이周恩來는 배려의 달인이었다. 외교 사절이 중국을 방문하여 국빈 만찬을 열 때 마다 저우 총리는 항상 요리사에게 부탁해서 간단하게 국수를 먼저 먹고 참석한다. 정작 만찬장에서는 식사를 안 하기 때문이다. 만찬장에서는 음식을 먹는 시늉만 하고 국빈이 식사를 잘하는지, 필요한 것은 없는지 살피기 위해서다.

닉슨 대통령이 중국을 방문했을 때 일이다. 닉슨 대통령과 저우 총리가 탁구 경기를 보고 있었다. 경기 관람 중에 저우 총리가 잠시 자리를 비웠다가 다시 돌아왔다. 닉슨 대통령이 어디를 다녀왔냐고 묻자 "내일 만리장성을 가신다고 하니 그쪽에 눈을 미리 치워 놓아야 할 것 같아 챙겨 보았습니다."라고 답했다고 한다. 중국 총리라는 최고의 직위에 있으면서도 위세를 부리지 않고 겸손한 자세를 유지했던 저우언라이. 항상 남의 처지를 생각하고 배려하는 성품 덕분에 그가 세상을 떠난 지 40여 년이 지났지만, 그의 묘소에는 여전히 사람들의 발길이 끊이질 않는다.

상대방에게 베푸는 마음가짐이 성공의 기본 조건이다. 다만, 이것만으로 거래 성공의 충분조건일 수 없다. 여기에 기술이나, 경험, 재력 등 '가치를 제공하는 능력'을 갖추어야 웅덩이에 물이 고이듯, 사람들이 모여들고 거래가 생겨나게 된다. 지능화 시대에 접어들수록 가치 제공 능력은 더욱 요구되는 환경이 되어 가고 있다.

지능화 시대에 거래 능력자가 되기 위한 거래의 성공 공식이 있다. 앨버트 바라바시 교수가 주장한 개인의 성공 공식을 준용한 공식이다.

"가치 × 연결망 = 거래의 성공"

인적 네트워크의 바탕인 배려는 기본적으로 필요한 능력이다. 그러나 연결망만으로 성공적 거래를 보장받는 시대는 지났다. 이에 따라 거래의 성공 공식도 남에게 가치를 제공할 수 있는 특정한 능력을 더해야만 완성된다고 할 수 있다.

남에게 제공하는 가치가 연결망으로 유입되고 인정받는다면, 성공적 거래를 이끌 수 있다는 뜻이다. 그래서 거래의 성공 공식에서는 가치와 연결망의 관계가 '+(덧셈)'이 아닌 '×(곱셈)'이다. 가치를 제공할 수 없다면 연결망 시너지를 완성할 수 없으며, 안정적으로 거래를 유지하기 힘들다는 의미다.

가치 제공 능력이 중요한 이유는 이렇다. 지능화 시대에는 비대면 온라인 거래가 보편화되고 약한 연대가 일상화되기 때문에 인간적 노력과 끈끈한 감정을 형성할 기회가 그만큼 줄어든다. 더구나 거래나 관계가 투명해지면서 사적인 관계와 감정만으로 거래를 성사시키고 유지하기는 점점 어려워지는 환경이다. 가치가 지속되지 않는다면 거래 관계는 언제든 단절되거나 변할 수 있다.

거래 담당자라면 상대방에게 가치를 제공할 수 있어야 한다. 영업에 필요한 가치를 구비했다면 연결망에 접속하여 영업을 가동하면 될 일이다. 제대로 된 가치를 제공한다면, 연결망 내에서 인정과 거래 성사는 자연히 따라오는 결과가 될 것이다.

우리는 관계 지능에 의해 타인과 무리 짓고 자신의 인맥을 형성하며 살고 있다. 이 때문에 상대방을 배려하는 마음은 기본적으로 갖춰야 할 능력이 되었다. 여기에 더하여, '가치 × 연결망 = 거래의 성공'이라는 거래의 성공 공식에 따라 가치 발굴에 집중해야 한다. 디지털 서비스의 발달과 코로나로 인한 비대면 인적 네트워크 환경에서는 더욱 필요한 능력이 되어가고 있다.

초연결 사회의 핵심 인재상

디지털 기술의 발달에 따른 인적 네트워크의 확장성은 실로 광대하다. 일면식 없는 사람에게 내 이야기가 전달되고 소식은 실시간으로 전파된다. 약한 연대가 보편화된 초연결 사회에 적합한 인재상은 어떠해야 할까?

EBS 교육 프로그램에서 방영한 '영국 국민의 통화량 분석'에서 그 실마리를 찾을 수 있다. 약 한 달간 영국 전역에서 통화로 생긴 네트워크 관계를 분석했다. 결과에 따르면 부유한 지역일수록 통화 형태가 전역에서 발생한 반면, 상대적으로 빈곤한 지역은 지역 내 통화가 대다수였다는 것이다. 통화한 상대자와 통화 시간을 비교했을 때에도 부유한 지역의 사람들은 더 다양한 사람과 골고루 통화한 반면, 상대적 빈곤 지역은 특정인과 집중적으로 통화하는 경향을 보였다. 디지털 서비스가 보편화된 환경에서 성공한 사람들의 특징도 개방적이며 넓은 범위의 다양한 인맥과 연결된 사람임을 알 수 있다. 이러한 유형의 사람을 허브형 인재로 분류한다. 광대하고 복잡한 인적 네트워크에서는 다양한 인맥의 연결 고리 역할자가 존재하며, 그가 바로 허브형 인재이다.

디지털 인적 네트워크에서 '인맥의 허브 기능'이 존재한다는 사실은 앨버트 라슬로 바라바시 교수의 또 다른 저서인 《링크》를 통해 논리적으로 확인할 수 있다. 복잡한 네트워크는 수많은 노드(점)와 링크(선)로 얽히고설켜 있다. 그런데 복잡한 네트워크라도 일정한 패턴 구조가 존재한다는 사실을 밝혀냈다. 일정한 패턴 구조란 허브라는 거점을 말한다. 즉, 소수의 링크를 갖는 많은 노드가 있는 반면, 극히 많은 링크를 갖는 소수의 허브가 있다는 것이다.

아무리 많은 노드와 링크로 얽힌 복잡한 네트워크라도 허브를 통해 노드 간 경로는 단순해지고 짧아지는 특징을 갖는다고 말한다. 허브가 노드 사이의 링크를 짧게 하는 거점 역할을 하고 있는 것이다.

그의 동료인 카이스트 정하웅 교수는 인터넷 웹페이지가 서로 어떻게 연결되었는지를 살펴보던 중 연결 페이지의 집중 현상을 발견하였고, 이를 허브 페이지라 불렀다. 일반적으로 사람들이 많이 찾는 페이지가 존재하는 반면, 전혀 찾지 않거나 간간이 접속하는 페이지가 있게 마련이다. 허브 페이지는 많은 사람이 찾고, 수많은 다른 페이지와 연결되어 있어 웹 서핑을 단축해 준다. 네이버나 다음 같은 포털이 허브 페이지이다.

기사를 검색하거나 블로그를 방문할 때, 허브 페이지는 웹 검색의 지름길 역할을 한다. 이러한 연결의 특성은 연결망이 존재하는 대부분 영역에서 존재한다. 예컨대 항공 노선에서 핵심 공항(주요 공항)이나 지하철 노선의 주요 환승역(신도림역, 왕십리역 등)이 허브 기능을 수행한다.

복잡한 네트워크에서 발견되는 허브 기능은 사람 간 인적 네트워크에서도 동일하게 나타난다. 일명 케빈 베이컨Kevin Bacon 법칙이라고 하는데, 평균적으로 사람 간 연결 관계에서 6단계를 거치면 세상 누구와도 연결될 수 있다는 이론이다.

케빈 베이컨은 미국 배우다. 그는 46개의 영화에 출연하면서 할리우드 배우 네트워크에서 약 2.79명만 건너면 대부분의 배우들과 연결되는 인물이다. 1,800여 명의 배우들과 링크(연결)되기 때문이다. 할리우드 배우 중 41%가 10개 미만의 링크(연결)를 가진 것에 비해 그는 나름 허브 역할을 하는 배우다. 그를 통해 다른 모든 배우와의 연결이 6단계보다 낮은 3단계로 짧아지고 단순해진 것이다.

모든 사람은 그 누군가의 허브 역할을 한다. 다만 허브 규모의 차이가 있을 뿐이다. 결국, 초연결 사회라는 거대한 약한 연대 속에서 성공 가능성이 큰 사람은 허브형 인재이다. 허브형 인재는 지능화 시대에 새로운 부를 거머쥘 잠재 역량이 높은 사람이다.

허브형 인재는 사업적으로나 거래 관계에서도 유리하다. 머니쉐프의 배명숙 대표는 자신의 저서에서 사람 간 연결의 활용을 이렇게 조언한다.

"사람과 사람, 사람과 비즈니스, 비즈니스와 비즈니스를 연결시켜라!"

그녀의 회사는 외식 프랜차이즈 기업을 대상으로 CS 교육, 리스크 관리, 보험 상품 운영, 관리 업무를 하고 있다. 업무 관계상 일을 통해 CEO나 재력가들을 만난다. 자신이 만나는 고객들을 자주 대하다 보니, 그 고객이 무엇을 잘하고 어떤 것이 필요한지 파악하게 되었다. 그럴 때마다, 그 일을 도와줄 지인들을 서로 매칭해 주게 됐다. 이런 연결을 통해서 새로운 비즈니스가 촉발되었고, 그 속에서 그녀 자신도 투자나 신수익 모델을 찾을 수 있었다.

사람 간 만남으로 가치가 생긴다는 사실을 강조하는 배명숙 대표는 이러한 역할을 '인간 플랫폼'이라 칭했다. 인간 플랫폼이 되어 사람과 사람을 연결하고 비즈니스와 비즈니스를 연결해야 한다고 주장한다.

영업의 고수 이종훈 대표도 허브형 인간관계를 구축하려 노력하는 사람이다. 그는 바쁜 일과 속에서도 카네기스피치, 한국청년회의소, 사회 봉사 활동, 경영대학원 등 다양한 모임에 참석하여 활동했다. 처음 모임에 들어가서는 세일즈맨의 냄새를 풍기지 않는다. 모임에 임하는 자세는 순수한 만남과 봉사 자체에 의의를 두고 참여한다. 회원들이나 모임을 위해 헌신하며 중추 역할을 하고 회원들에게 신뢰를 받기 위해 힘쓴다. 모임의 허브 역할을 자청하여 짧은 기간에 회원들과 끈끈한 유대 관계를 형성하고자 노력하는 것이다. 우선 배려로 인적 네트워크를 만들고, 거기에 가치를 제공하면서 거래를 창출하는 거래의 성공 공식을 착실하게 실행하고 있다.

개인적으로도 제휴사 관리 업무를 담당할 때 업무의 허브 역할을 수행한 경험이 있다. 카드사는 제휴 관계에서 일반적으로 을乙의 위치이다. 경쟁사가 많기 때문이다. 가전 제휴사를 관리할 때의 일이다. 가전 시장에는 세 가지 빅 이벤트가 있다. 혼수와 이사 그리고 새학기 시즌이다. 이벤트 시기에는 가전 구매가 많아지고 고가의 전자 제품이 팔린다. 세 개의 시장에는 관련 업체가 많다. 혼수만 하더라도 결혼 정보 회사, 예식장, 여행사, 예복, 메이크업 등 분야가 다양하고 소규모 업체가 주를 이룬다. 이사 시장도 마찬가지다.

가전 제휴사 입장에서는 관련 업체를 묶어 통일된 서비스를 제공하길 원했다. 그래서 패밀리 네트워크Family Network라는 서비스를 구축하게 됐다. 가전 제휴사를 대신해서 카드사가 네트워크를 구성하는 일에 중심이 되었다. 세 개 시장의 주요 기업과 제휴가 진행되었다. 업무를 주도하다 보니 네트워크에 참여하는 여러 기업과 친밀한 관계가 형성되었고, 자연스럽게 가전 제휴사 담당자와의 관계도 좋아졌다. 주요 업무 현안이 우리 회사를 통해 전달되다 보니, 가전 제휴사 담당자도 내 눈치를 볼 수밖에 없었다. 이 프로젝트 이후로, 가전 제휴사와 계약을 갱신할 시기가 도래해도 더는 걱정하지 않았다. 제휴 업무의 허브 역할은 제휴를 안정적으로 유지하는 보증 수표가 되었다.

경제 전문 기자로 활동하는 장승규 기자는 《한국의 영업왕 열전》에서 "영업은 인간관계가 만든다."라는 타이틀에 맞는 영업 고수들을 소개한 바 있다. 이들의 인맥 활용 방식도 다분히 허브형 인재를 기본으로

하고 있다. 대형 자동차 딜러로 일하는 한 여성 판매 담당자가 그렇다.

자동차 판매와 여성은 안 어울릴 것 같은데, 더구나 취급하는 차종이 덤프트럭, 레미콘과 같은 대형 차종이다. 그런데도 쟁쟁한 남자 판매 담당자를 제치고 6년간 판매왕을 지켜 내고 있다. 남자도 쉽지 않은 대형 차종에서 어떻게 승승장구할 수 있었을까? 여기에는 그녀만의 인적 네트워크 활용 기술이 있는데 바로, 영업망의 허브 역할을 통해 영업을 리드하는 전략이다. 그녀는 자신을 대신해서 자동차를 영업해주는 고객을 발굴하여, 영업 수익을 나누는 방식을 활용하고 있었다.

대형 차량 특성상 고객이 전국으로 분산되어 있다 보니 출장이 잦을 수밖에 없다. 그녀의 입장에서 지방 출장이 어려웠기 때문에 대형 차량의 운행 능력을 겸비한 고객(운전자)을 통해 새로운 고객들을 발굴하는 소개 영업 전략에 집중했다.

그녀는 동업자를 선택한다는 심정으로 고객을 발굴한다. 한 번 고객으로 인연을 맺으면 그들의 부인까지 알고 지내려 한다. 가족들과 친해진 고객들은 자연스럽게 그녀의 우량 고객이 됐다. 우량 고객의 주변에는 우량 고객이 있게 마련이다. 이들을 통해 또 다른 우량 고객을 만나면서 영업을 함께 하는 고객들의 허브 역할을 하고 있다.

베테랑 영업왕이든 초보 판매 사원이든 약한 연대에서 조직을 활용하는 능력, 나보다 남의 힘을 이용하는 '허브형 인재'의 능력이 필요하다. 뛰어난 거래 실적을 올리는 판매 사원일수록 허브형 인재 유형이 많은 이유가 여기에 있다.

거래 관계를 새롭게 엮는 연결 고리 전략

"사람이 힘이다."

농업 관련 전문지에 실린 칼럼의 글이다. 한 사람이 농사일 모두를 잘해 낼 수 없으므로 생산, 가공, 판매, 마케팅 단계별로 다양한 사람이 모여 농업을 완성해 낸다는 말이다. 어디 농업 분야만 해당하는 말이겠는가? 대부분 일은 사람으로 시작해서 사람으로 끝난다.

인간은 관계 지능을 가진 사회적 동물이기에 집단 내에서 무리를 형성하고 관계를 맺으며 살아간다. 물건을 팔거나, 흥정하려면 상대가 있어야 한다. 그래서 거래든 영업이든 사람과 사람을 엮는 일이며, 이것은 인간관계를 기반으로 이루어진다.

이 때문에 관계 지능은 서로 간 연결 고리를 찾기 위해 타당한 이유 Reason Why를 찾으려는 지능적 활동을 하게 된다. 관계가 전혀 없는 상태에서도 거래 관계를 만들기 위해 관계 지능은 다양한 측면에서 타당한 이유를 찾곤 한다.

"열 번 찍어 안 넘어가는 나무가 없다."는 말도 타당한 이유를 만드는 원인 중 하나이다. 인연에도 없던 만남이 반복되고, 빈번해지는 전화와 메시지는 어느덧 상대방의 마음 한편을 차지한다. "나의 애인이 되어달라!"는 집요하고, 반복적인 행동은 상대방에게 동조 현상을 일으킨다. 존재하지 않았던 연결 고리가 생기면서 새로운 관계가 형성된다. 지난날 알고 지내던 지인에서 이제는 나의 연인이 되게 만든다. 끈질기게 구애하다 보면 상대의 마음에 이런저런 이유로 연결 고리가 생기게 되고 결국, 연애에 성공하는 타당한 이유로 작용하곤 한다.

　연결 고리 전략은 심리학에서 다루는 인식의 연합과 연관이 깊다. 유명한 실험이 있다. 우리에게 익숙한 러시아 생리학자인 이반 파블로프Ivan Pavlov의 연구이다. 소화와 관련한 연구를 하던 중 우연히 특이한 현상을 발견했다. 연구 목적으로 기르던 개가 먹이를 주던 연구원의 발자국 소리에 침을 흘리는 모습을 본 것이다.

　이를 계기로 학습 방법에 대한 실험이 진행되었다. 개에게 먹이를 주기 전, 매번 벨 소리를 울려 보았다. 벨 소리와 먹이를 강제로 연결해 본 것이다. 어느 순간부터 벨 소리만 듣고도 개는 침을 흘리기 시작했다. 이를 파블로프의 고전적 조건화라고 하며, 강제로 인식의 연결 고리를 만들 수 있음을 확인한 실험이었다.

　인식의 연합은 어떤 것을 생각할 때 관계되는 다른 기억이 떠오르는 현상을 말한다. 예를 들어 '의사'라는 단어를 생각하면, '간호사', '병원' 또는 '환자'가 떠오른다. 심리학자 제이옹크Robert B. Zajonc 박사는 이를 단순 노출 효과로 정의하고 이를 실험으로 증명했다.

　참가자들에게 낯선 사람의 사진을 1회에서 최대 25회까지 보여 주는 실험이었다. 노출 횟수에 따라 낯선 사람에게 어떠한 감정이 나타나는지 조사해 보았다. 그 결과, 많이 노출된 얼굴일수록 좋아하는 성향을 보였고 앞으로도 좋아할 것이라는 답변이었다. 단순 노출에도 호감을 만들고 새로운 인식의 연합이 생길 수 있다는 것이다.

　뇌과학자인 제프 호킨스Jeff Hawkins 박사는 연구를 통해 다음과 같은 사실을 주장한다.

"뇌는 패턴 기계다. 장시간 일관성 있게 상관관계를 보여 주기만 하면 뇌는 그것을 이해할 수 있다."

지능은 반복적인 행동이 발생하면 새로운 관계를 형성하는 특징이 있다. 예컨대 단순한 반복적 만남에서도 거래해야 하는 타당한 이유 Reason Why, 즉 연결 고리가 발생할 수 있다는 뇌과학 기반의 주장이다.

특히, 새로운 고객을 만들 때 이러한 전략은 유용하다. 한 TV 리얼다큐 프로그램에서 제약업체 신입 직원의 영업 활동을 소개한 적이 있다. 제약 시장은 유사 효능 제품이 많아 영업 경쟁이 치열한 분야이다. 신입동기 중 실적이 가장 뛰어난 영업 사원의 영업 비밀도 '끈기 있게 자주 방문하기'였다.

그녀의 담당 거래처는 80곳이 넘고, 하루에 60km가 넘는 이동 거리에 3만 보 이상 걷기가 일상이다. 이러한 활동량으로 꾸준한 만남을 이어가며 거래 성사를 늘리고 있었다. 한 예로, 최근 발굴한 고객 중에는 병원 건물 신축 공사 때부터 방문하며 고객으로 만든 원장이 있다. 첫 만남 이후로도 10여 번을 더 만나고 나서야 제품을 판매할 수 있었다. 병원 원장은 "적극적으로 다가오고 계속 방문하는 모습에 감동하고, 이제는 정기적으로 보는 사이가 됐다."고 웃으며 말한다. 반복이 호감을 불러일으키고 결국은 거래 관계를 형성하는 이유가 된 것이다.

반복 방문은 전설적인 방문 판매왕 빌 포터Bill Porter의 영업 전략이기도 했다. 그는 선천적인 뇌성마비로 어눌한 말투와 부자연스러운 걸음 걸이의 소유자이다. 불편한 신체 조건으로 생활용품을 판매해야 하는 그로서는 어쩔 수 없는 선택이었다. 아침 8시에서 저녁 6시까지, 하루 100군데가 넘는 고객을 매일같이 방문하며 친분을 쌓아 갔다. 냉담했 던 고객들은 하나둘씩 마음의 문을 열었고, 한결같은 그의 영업은 24 년이 지나고 나서야 마침내 그해 최고의 영업왕에 오르는 결실을 맺게 되었다.

새로운 거래 관계를 형성하기 위한 '연결 고리 전략'은 사소한 '거리' 도 고리 걸기의 도구로 활용할 수 있다. 신용 카드 회사에 근무하면서 신용 카드 회원 유치를 담당하는 한 서비스 컨설턴트Service Consultant 의 영업 전략이 좋은 예이다. 그녀는 3년 연속 연도 판매 대상을 수상한 베테랑이다.

그녀가 소위 잘나가는 서비스 컨설턴트가 될 수 있었던 방법은 특별 한 스킬이 아니다. 그녀는 고객을 만나기 전에 어떤 포인트로 고객과 공감을 나눌지 고민하는 데서 영업을 시작한다. 사소한 연결 고리라도 찾는 노력이 오늘날의 그녀를 만들었다. 고객의 고향이나 자녀, 부모의 나이, 학교 등을 상담 중에 파악하여 자신과 연결한다. 예컨대, "부모님 나이대가 저희 부모님과 비슷하시네요. 요즘 부모님 건강은 어떠셔요? 저희 부모님은~ "이라며 상담을 이어가는 식이다.

신용 카드 신청서만을 받는 관계가 아닌 '고객과의 유대 관계'를 찾 아서 고객과 친분을 쌓으려 노력했다. 해당 고객의 카드뿐만 아니라 가 족, 친지의 신청서까지도 받아 올 수 있기 때문이다. 어떤 고객은 경조사까지 챙긴다. 한번은 친분 있는 고객의 장례식에 조의금을 보냈더니 며칠 후 고인의 아들에게서 연락이 왔다. 고맙다는 인사를 하면서 대뜸 "컨설턴트님, 제 친구인 아무개에게 연락해 보세요."라며 친구를 소개해 줬다.

인간은 사회 조직에 얽혀 살아가는 존재다. 본능적으로 상대방과 유효한 연결 고리를 찾게 된다. 서로 간에 관계 지능이 작동한다. 상대가 변하는 만큼 나도 상대에 맞춰 변한다. 관계 지능은 일방적이지 않다. 집단에서, 사회 조직에서, 양 당사자 간 상호 작용으로 서로의 니즈를 맞춰 가며 살아가게 만든다.

거래와 관련한 철학을 엿볼 수 있는 소설 '상도'의 이야기 중에 장사를 정의한 대목이 있다. 사람을 속여 가며 이익만을 추구하는 행위는 작은 장사이고, 사람을 남겨야 큰 장사라고 말한다. 그러면서 유명한 대사가 나온다.

"장사는 이익을 남기기보다, 사람을 남기기 위한 것이다!"

거래를 통해 이익을 남겨야 하겠지만, 한 번 하고 말 거래가 아니라면 궁극적으로 거래 관계를 남겨야 한다. 저 사람하고 거래하면 이익이 되고 돈을 벌 수 있다는 인식을 심어 줘야 한다. 안심하고 거래할 수 있다는 신뢰를 얻어야 거래가 유지될 수 있다. 그렇다면 거래의 최종 목표는 무엇이어야 하는가?

"거래는 이익을 남기기보다, 지속 가능한 거래 관계를 남기기 위한 것이어야 한다!"

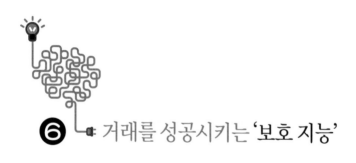

⑥ 거래를 성공시키는 '보호 지능'

6-1. 어려움을 극복하고 성공한 사람들의 특징

인생을 성공으로 이끈 사람들의 비밀

21세기를 움직인 혁신의 아이콘인 스티브 잡스Steve Jobs. 그는 애플로 다시 복귀한 후 아이맥iMac을 출시하고, 아이폰iPhone, 아이티비iTV를 선보이면서 IT 업계를 선도하는 최고의 CEO로 명성을 날렸다. 애플에 복귀하기 바로 전에는 세계 최초의 3D 애니메이션 토이스토리 제작사인 픽사Pixar를 인수하여, 영화 산업에 컴퓨터 기술을 본격적으로 도입하는 데 기여하기도 했다.

대단한 명성을 쌓은 스티브 잡스가 자신의 창조적이고 혁신적인 업적에 대해, 한 졸업식 연설에서 뜻밖의 이야기를 들려줬다. 강단에 선

그는 15년 전 자신이 설립한 회사인 애플에서 퇴출당하며 큰 상처를 받았고, 이러한 수모와 고난의 시간이 오늘날의 성공을 만들었다고 고백한 것이다.

그는 자신의 인생에서 가장 창의적인 시기가 애플에서 해고된 때라고 했다. 실제로, 아이맥이나 아이폰 개발은 애플에서 실직한 후 추진했던 여타 사업에서 영향을 받았다. 애플에서 해고되지 않았더라면, 지금과 같은 애플의 성공을 만들지 못했을 것이라 했다. 충격으로 방황하고, 패배감에 사로잡히게 했던 해고의 고통이 나중에는 '꼭 재기해야 한다!'라는 강렬한 바람이 되어 성공의 단초가 된 것이다. 그는 어떠한 어려운 상황을 겪더라도 포기하지 말고, 계속 추구하고 찾아야 한다면서 다음과 같은 말을 전했다.

"해고(실패)는 정말 끔찍한 약이었지만 환자에게는 반드시 필요한 처방이었다."

인생을 살다 보면 어려운 상황이나 위기에 처하기도 한다. 이때 보호 지능이 방어 시스템을 가동하면서, 힘들고 어려운 위기 상황에서 벗어나도록 돕게 된다. 보호 지능이 위기 상황을 극복해내지 못하면 우울증이나 무력감에 빠지기 쉽다. 반면, 어려운 상황을 극복하고 한 분야에서 큰 업적을 이룬 사람들은 단단한 보호 지능을 가지고 있다. 보호 지능이 위기를 기회로 생각하거나, 어려운 상황을 극복하고 끝내 성공하도록 자신을 통제하기 때문이다. 자신을 보호하고 지켜 내려는 본능적인 정신 활동이 보호 지능이다.

어려움이나 위험한 상황을 극복하려는 체계적인 노력은 오래전부터 있었다. 고대 그리스의 패권 국가였던 스파르타의 교육이 대표적이다. 스파르타의 교육은 국가가 통제하여, 만 7세가 되면 공공 교육장에 입소하고, 20세까지 훈련을 받아야 한다. 애국심과 국가에 봉사하는 전사를 키우는 것이 목적이다. 이를 위해 공포와 고통을 견디는 가혹한 군사 훈련이 뒤따랐다.

영화 《300》에서는 스파르타 청년이 숲속에 남겨져 사나운 늑대의 공격을 받는 장면이 나온다. "용맹한 전사가 되어 집으로 살아 돌아가거나 아니면 죽는다." 라는 내레이션이 흐르는 가운데, 포악한 늑대의 공격을 이겨내고 생존해야 스파르타의 용사가 될 수 있음을 보여 주고 있다. 스파르타의 훈련은 공포와 위기 상황에서 인간의 보호 지능을 극적으로 끌어올려 강력한 자기 방어 능력을 갖게 만드는 수단이었다.

공포와 위기는 잠재되어 있는 보호 지능을 자극하여 때로는 초인적인 힘을 발휘하게 만든다. 80년대 중반에, 분노나 생존의 위협을 받게 되면 초인적 거인으로 변하여 위기에서 탈출한다는 미국 외화가 있었다. 푸른 눈의 '두 얼굴을 가진 사나이Incredible Hulk'라는 드라마다. 위급한 상황에서 인간의 잠재 능력이 극대화된다는 점이 이 드라마의 주요 모티브이다. 공포와 위협에서 잠재된 보호 지능이 발휘되는 원리와 비슷하다.

보호 지능은 공포나 위험에 극도로 민감하다. 자신을 지켜 내려는 방어 본능 때문이다. 인생을 살면서 하루에도 몇 번씩 다양한 문제에 직면할 때가 있다. 이때마다 보호 지능은 자신이 처한 상황을 해결하려 지능적으로 활동한다.

거래 관계에서도 보호 지능은 극적이고 창의적인 방법으로 성공적인 거래를 돕고 있다. 거래를 하다 보면 다양한 문제에 부딪힌다. 재계약을 보장할 수 없는 상황이거나, 경쟁사와 과도한 비용 경쟁, 알 수 없는 거래 담당자의 변심 등 거래 위기는 예기치 않게 찾아온다.

　결국 거래의 성공은 어려운 상황을 잘 극복하느냐 여부에 달려있다. 성공한 인물들을 보면 그들이 가지고 있는 견고한 보호 지능이 위기를 기회로, 어려움을 발판으로 마침내 거래를 성공시킨다는 사실을 알려준다.

　성공한 사람들이 가지고 있는 성공의 DNA인 보호 지능은 누구나 가지고 있는 능력이다. 다만, 어떻게 쓰이느냐에 따라 차이가 날 뿐이다. 보호 지능의 작동 원리를 이해하고 제대로 활용한다면, 성공한 이들만큼이나 단단한 보호 지능을 갖게 될 것이다. 그런 의미에서, 위기나 어려움은 성공으로 가는 과정일 뿐이다.

6-2. [원리] 위기를 벗어나려는 인지 방어 시스템

인간은 위기 상황에서 자신을 보호하려는 본능적 메커니즘을 가지고 있다. 만약 누군가가 자신을 공격하려 한다면, 피하거나 싸우려는 태세를 취한다. 이러한 판단은 지능이 담당하며 그 원천은 보호 지능이다.

보호 지능은 위험이나 위기에서 벗어나려는 판단과 더 나아가 이를 극복하려는 뇌지능이다. 이 때문에 보호 지능도 인류의 생존과 깊은 관계를 맺으며 발달해 왔다.

인류는 위험한 상황마다 적절한 행동으로 대응해왔으며, 이때마다 보호 지능은 다양한 인지 방어 시스템을 가동시킨다. 인지 방어 시스템에는 손실 회피, 긍정 보상과 인식 차단 등 크게 3가지 형태로 나타난다.

우선, 손실 회피는 감정적으로 불편한 상황이나 손해를 피하려는 본능적 인지 방어 시스템을 말한다. 그 다음 긍정 보상의 경우, 보호 지능이 엔돌핀이나 도파민 같은 화학 물질을 분비하여 인체에 쾌락을 제공함으로써 자발적이고 창의적으로 위험에 대처하도록 유도하는 기능이다. 마지막으로, 인식 차단은 다른 상황에 대한 정보를 차단하여 위기 극복에 집중하도록 만드는 인지 방어 시스템이다.

이처럼, 보호 지능은 공포나 위협적인 상황을 벗어나기 위해 다양한 방어 시스템을 작동시킨다. 보호 지능 덕에 인류는 위기를 극복하며 창의적인 방식으로 어려움을 극복해 왔다. 인지 방어 시스템의 작동원리를 잘 파악하여, 거래 관계에서도 자연스럽게 활용할 수 있는 능력을 길러야 할 것이다.

손실 회피 본능을 자극하는 인지 방어 시스템

우리가 흔히 볼 수 있는 쥐는 가장 번성한 동물 중 하나다. 3,600만 년 전에 나타나 지금도 1,800여 종이 넘는 개체가 전 세계적으로 퍼져 생존력을 과시하고 있다. 광범위하게 번성했다는 의미는 포식자를 잘 피하고 위기 극복에 강한 개체라는 증거다. 이들은 포식자와 맞닥뜨렸을 때의 경험을 꼼꼼히 기억해 둔다. 고양이가 출현했던 장소, 소리, 냄새 등을 기억하고 회피함으로써 생존 가능성을 높여 왔다. 오래전부터 위협, 긴장, 분노 등의 정서적 감정 상황에 좀 더 기민하게 반응했던 능력 덕택이다.

정서적 자극이 들어오면, '감정뇌' 기관인 편도체Amygdala 영역이 반응한다. 이곳은 위험 상황이나 정서적 감정을 관장하는 지능 영역이다. 만약, 쥐가 편도체에 손상을 입게 되면 고양이나 뱀을 코앞에서 보고도 얼어붙거나 피하지 않는다. 공포감을 전혀 느끼지 못하기 때문이다. 심지어, 포식자인 뱀에게 다가가는 행동도 서슴지 않는다. 이런 쥐를 만난 비단뱀은 저녁 먹거리를 손쉽게 해결하게 된다. 정상이라면 보호 지능이 편도체를 자극하여 위험으로부터 회피하려는 방어 시스템을 가동시킨다. 생존하려는 지능적 본능이 작동하기 때문이다.

보호 지능의 손실 회피 방어 시스템을 잘 활용하는 분야가 공익 광고다. 공포를 앞세워 소구하는 경우가 많기 때문이다. 공포와 설득 사이에는 상관관계가 존재한다. 걱정이나 위협을 통해 불안 심리를 적절하게 자극하면 수용도가 높아진다. 특히, 질병, 굶주림 등 생명과 직결된 공포심은 편도체를 강하게 자극하기 때문에 방어 시스템의 반응도 그만큼 크다.

"담배 맛있습니까? 그거 독약입니다."

역시 멘트가 다소 과격하다. 2002년 보건복지부가 진행한 금연 캠페인 영상의 내용이다. 이 캠페인에 등장하는 모델은 코미디계의 황제 이주일이다. 당시 그는 폐암 투병 중이었으며, 병세가 완연한 모습으로 담배의 해악을 알렸다. 하루 두 갑의 담배로 망가진 자신을 보라고 촉구했다. 안타깝게도 그는 광고를 찍은 그해에 향년 62세의 나이로 생을 마감하고 만다.

이런 방식의 광고는 감정뇌를 자극하지만 궁극적으로 이성뇌에게 공포를 심어 주어 의도하는 목적을 달성하게 만든다. 실제로 이주일의 금연 캠페인은 그 당시 사회적 반향을 일으켰다. 이 캠페인으로 수십만의 흡연자들은 흡연에 조심스러워하고, 금연을 시도하게 만들었다. 혹시 모를 건강에 대한 손실을 회피하려는 보호 지능을 자극했기 때문이다.

상대방 설득에도 이 방법은 유용하다. 미국의 천재 물리학자 리처드 파인만Richard Feynman 박사의 일화다. 어느 날 노벨상을 관장하는 스웨덴 왕립 학술원으로부터 파인만 교수에게 한 통의 전화가 걸려 왔다. 노벨 물리학상 수상자가 되었다는 소식이었다. 노벨상을 받기 위해 스웨덴으로 와서, 한 주 동안 수상식 및 리셉션에 참석해 달라는 요청이었다.

파인만은 잠깐 망설이다가 수상을 거부하겠다고 말한다. 남들 앞에 나서길 극도로 싫어하는 성격 탓이었는데, 명분은 연구에 지장을 받는다는 이유를 댔다. 당황한 노벨상 재단은 파인만 교수를 설득하기 위해 다방면으로 노력했지만 설득에 실패했다. 재단의 고민은 깊어만 갔다. 이러한 사실을 알게된 아내 기네스가 파인만 교수를 설득하는 데 나선다. 그녀는 파인만에게 이렇게 말했다.

"좋아요, 가기 싫으면 가지 마세요. 그런데, 이번에 당신이 상을 거부하면, 인류 역사를 통틀어 노벨상을 거부한 최초의 인물이 되는 거예요. 이 사실에 누가 관심을 가질까요? 아마도 기자들이 인터뷰하려고 몰려올 거고, 당신 얼굴이 신문에 크게 실려서 한참은 귀찮아질걸요!"

기네스는 파인만의 성격을 잘 알고 있었고, 싫어하는 일들이 더 발생할 것이라며 그의 보호 지능을 자극했다. 결국, 파인만은 아내와 함께 영광스러운 수상식에 참석하게 된다. 파인만의 보호 지능은 더 커질 불편한 상황만은 막아야 한다고 판단했고, 시상식 참석이 현명한 행동이라고 생각을 바꾸게 된 것이다.

보호 지능이 손실에 과하게 반응한다는 사실은 실험을 통해서도 확인할 수 있다. 만약 누군가가 동전 던지기 게임을 제안했다고 하자. 앞면이 나오면 10만 원을 벌고, 뒷면이 나오면 5만 원을 잃는 조건이다. 확률적으로 보면 돈을 벌 수 있는 구조인데도 의외로, 많은 이들이 참여를 주저하는 것으로 밝혀졌다.

실제 한 TV 프로그램에서 관련한 실험을 진행했다. 거리의 행인들을 대상으로 2만 원을 무작정 주고, 승률이 50%인 룰렛 게임을 제안했다.

만약 이기면 3만 원을 추가로 받게 되고, 지면 줬던 2만 원을 반납하는 조건이었다. 그런데 대부분 시민은 3만 원을 더 벌 수 있는 기회를 포기했다. 2만 원을 지키려는 손실 회피가 더 크게 작동한 탓이다.

손실이나 손해는 고통이 따른다. 고통은 감정을 자극하기에 회피 방어 시스템인 보호 지능이 강력하게 작동한다. 자연스럽게 모든 생각이 소극적으로 바뀐다. 행동을 조심하고, 몸을 움츠리게 만든다. 거래 관계에서도 손실 회피 성향은 강하다. 손익을 따지는 거래의 속성상 손해에 더욱 민감할 수밖에 없기 때문이다.

능동적 태도를 유도하는 인지 방어 시스템

보호 지능은 위기에 봉착했을 때 신경 세포에 엔돌핀이나 도파민을 분비하도록 지시하기도 한다. 이러한 방어 시스템은 강력한 비전과 바람을 가지고 있을 때 잘 작동된다. 분비된 화학 물질은 인체가 고통스러운 상황에서도 쾌락(긍정 보상)을 느끼게 하여 고통을 덜어낸다. 긍정 보상은 신체를 창의적이고 능동적으로 대처하게 만들어 위기 상황을 극복하도록 돕는 역할을 한다.

영화 《올드 보이》에 등장하는 주인공이 이를 잘 보여 주고 있다. 영문도 모른 채 독방에 갇힌 주인공 오대수. 초기에는 미친 듯 현실을 부정하면서 악몽의 나날을 보낸다. 독방 생활 내내 음식으로는 오직 군만두만 제공된다. 이러한 상황이 장장 15년간 이어진다.

매일 군만두만 먹고 어떻게 살 수 있었을까? 물론 영화 속 상황이지만, 실제 상황이었으면 만두가 질려서 손도 대지 않았을지 모른다. 그러나 주인공은 긴 세월 동안 군만두를 먹으며, 무술을 연마하고 결국 그 상황에서 벗어났다.

그 당시 "이 상황을 벗어나 꼭 앙갚음하겠다!"는 오대수의 강렬한 바람이 방어 시스템을 작동시켰기 때문이다. 보호 지능의 긍정 보상 전략이 작동하면서, 어느 순간부터 군만두를 맛있게 먹고, 적극적으로 체력 단련에 매진하며 탈출을 준비하는 생활로 변화시켰던 것이다.

이러한 보호 지능의 긍정 보상 전략은 현실 사례에서도 확인할 수 있다. 이 이야기는 요트 선수인 스티브 캘라한Steve Callahan이 타고 가던 배가 침몰하면서 시작된다. 다행히 그는 비상 보트로 옮겨 타며 가까스로 탈출에 성공한다. 그러나 망망대해에 표류해야 했다.

그는 물고기를 잡아먹으며 하루하루를 버텼다. 생선만 먹다 보니 단백질은 풍족했지만, 신체에 필요한 비타민과 무기질이 부족했다. 생선 살에는 그런 성분이 없다. 스티브의 몸은 점점 영향 불균형 상태에 놓이게 됐다. 스티브의 보호 지능은 이런 상황이 계속될 경우, 결국 죽음에 이를 것이라는 위기를 직감했다. 표류 28일째. 스티브는 자신의 식성이 이상하게 변한 것을 알게 됐다.

"생선 살에는 점점 관심이 없어지고 다른 부위에 입맛이 끌리더군요. 생선 눈, 생선 간과 고니(내장), 사실상 생선의 위와 뼈만 빼고 거의 모든 부위를 다 먹기 시작했죠."

표류 76일째 되던 날, 스티브는 극적으로 구조되었다. 구조 당시, 그는 고른 영양 섭취로 건강 상태도 양호했다.

도대체 표류 28일 즈음에 그에게 어떤 일이 있었던 걸까? 표류 초기, 그는 구조 가능성이 희박하다는 두려움에 휩싸였다. 한편으로, 운동선수가 보유한 승부욕과 강인한 정신력은 공포 가운데에서도 어떻게든 살아 돌아가겠다는 간절한 희망을 품게 했다. 꼭 살아야겠다는 간절함은 그의 몸에 비상 상황을 선포하며 방어 시스템을 가동하기 시작했다. 필요한 영양분을 섭취할 때마다 몸에서 쾌감을 느끼게 만든 것이다. 평소 상황에서는 절대 먹지 않았을 생선 부위를 먹게 했고, 생내장을 즐거이 섭취했다.

"내 몸에는 이게 필요하다고 누군가 계속 말하는 것 같았어요. 생각도 달라졌어요. 살아야 하니까 할 수 없이 억지로 내장을 먹는 게 아니라 마음에서 우러나와서 먹었어요. 정말 맛있어서 먹고 있었던 거죠."

위험 상황을 벗어나려 할 때, 보호 지능은 자신의 생각을 극적으로 전환한다. 스티브 캘라한도 마찬가지였다. 부족한 영양분을 해결하기 위해 어떤 행동이든 기꺼이 했다. 이러한 보호 지능의 위기 탈출 기술은 척박한 환경에서도 우리 선조들이 생존하는 원동력이 되었다.

잠깐, 다시 영화 《올드보이》로 돌아가 보자. 군만두만 먹어야 하는 상황에서 주인공 오대수의 보호 지능은 어떠했을까? 그의 보호 지능은 군만두만 먹을 수 없다며 굶어 죽기를 택하지 않았다. 꼭 살아서 복수하겠다는 집념은 보호 지능의 방어 시스템을 가동하기에 이르렀고 곧,

오대수의 몸을 제어하기 시작했다. 보호 지능이 오대수의 귀에 대고 속삭인다.

"군만두, 알고 보면 영양 만점인 종합 식품이야!"

설득은 이어진다.

"만두피와 당면에는 탄수화물이 들어 있고, 만두 속에는 고기가 들어 있어 단백질이 풍부하지. 그리고 야채는 말이야, 비타민이 들어 있잖아! 튀긴 만두는 지방도 풍부해, 만두만 먹더라도 전혀 걱정할 것 없어! 종합 영양 식품이라니까!"

어느 순간 오대수는 자발적인 자신의 태도를 발견한다.

"어, 만두가 제법 맛있는데... 질리지도 않고."

보호 지능은 오대수의 손이 저절로 만두 쪽으로 뻗게 하고, 즐거이 입에 가져가도록 조정했다. 강렬한 바람은 오대수의 보호 지능을 작동시키며, 위기에 적극적으로 대처하도록 독려했다.

공포나 위협에서 스스로 벗어나려는 보호 지능은 창의적 생각을 유발한다. 이전과는 전혀 다른 방식으로 상황을 풀도록 해법을 찾는다. 극단적인 처방도 마다하지 않는다. 이는 곧, 파괴적 혁신을 만들어 창조적 행동으로 나타난다. 이러한 특성은 거래 관계에서도 나타난다. 거래 관계가 위기에 처할 때, 해결사로서 보호 지능이 등장한다. 간절한 바람과 굳건한 믿음은 보호 지능으로 하여금 창조적인 솔루션을 발견하도록 도와줄 것이다.

인식을 차단하는 인지 방어 시스템

인식 차단은 인지적으로 특정 정보를 차단하는 메커니즘이다. 긴급한 위기 상황에 맞닥뜨렸을 때, 이를 벗어나기 위해 불필요한 정보를 차단하고 목표에 맞는 행동이나 생각에 집중하기 위해서다.

외부 정보는 눈을 비롯해 귀, 코, 입, 촉각, 미각과 여타 기관으로부터 방대한 양이 유입된다. 아쉽게도 지능이 처리할 수 있는 양은 제한적이다. 어쩔 수 없이 중요한 정보는 받아들이고 그렇지 않은 정보는 무의식으로 처리하거나 차단해 버린다. 효율적 행동과 판단을 위해서다.

어떤 일에 주의를 기울이게 되면 다른 일에 집중하지 못하며 의식적으로도 인식하지 못한다. 이러한 현상은 공포나 위협적인 상황에서 더욱 극적으로 발생한다. 생존 차원의 문제이기 때문이다.

인식 차단 현상을 보여 주는 유명한 실험이 있다. 일리노이 대학의 대니얼 사이먼스Daniel J. Simons 교수가 주관한 실험으로, 동영상을 보여 주고 관련 내용을 테스트한 실험이다. 6명의 학생이 두 팀으로 나뉘어 농구공을 패스하는 장면을 담았다. 한 팀은 하얀색 옷을 입었고, 다른 팀은 검은색을 착용했다. 동영상을 보여 주기 전에 피실험자들에게 이런 주문을 한다. 하얀색 팀이 농구공을 몇 번이나 패스했는지 그 수를 세어 달라는 요청이었다.

대부분 피실험자들은 패스 횟수를 정확히 적어 냈다. 진행자가 피실험자들에게 추가로 물어보았다.

"여러분들 중에 고릴라를 본 사람은 손 들어 주세요."

동영상을 찬찬히 다시 보니, 영상 중간에 고릴라가 가슴을 "쿵쾅" 치면서 지나가고 있었다. 약 9초간 등장했는데, 동영상 시간의 1/3을 차지하는 분량이었다. 그럼에도 피실험자 중 약 50% 정도가 그 고릴라를 인지하지 못했다. 이 실험이 주장하는 바는, 한쪽에 주의를 기울이다 보면 그 외의 대상은 인식하기 힘들어진다는 사실이다. 한쪽으로 집중된 인식 행위가 다른 정보를 막아섰기 때문이다.

인식 차단 메커니즘은 불편하고 위협적인 상황일 때, 의도적으로 무시하는 전략으로까지 발전한다. 오래전, 아직 흡연에 대한 폐해가 의학적으로 명확하지 않았던 시절이 있었다. 그 당시 흡연자들은 "흡연이 폐암에 해롭다."라는 보도 자료보다 "흡연은 폐암과 관계없다."는 보도에 더 관심을 보였다고 한다. 실제로는 흡연이 몸에 좋지 않다고 직감하면서도 비합리적인 경향을 보인 것이다. 자신의 입장과 다른 정보를 무시하려는 보호 지능이 작동한 탓이다.

요즘에는 담뱃갑에 혐오스러운 사진을 싣고 있다. 그럼에도 대부분 애연가들은 나와는 상관없는 장면으로 치부하고 있을지 모른다. 자신이 알고 싶지 않거나 수긍하기 싫은 정보를 끊어 내는 인식 차단이 작동하기 때문이다. 바람직하진 않지만 이 또한 보호 지능의 생존 전략이다.

더 나아가, 보호 지능이 과하게 작동하면 인지를 조작하기도 한다. 문제를 인정하기보다는 자기 합리화를 시도한다는 것이다. 자신의 신념이나 유리한 입장으로 상황을 해석하는 경향을 보인다. 예컨대, 불어난 몸무게 때문에 다이어트를 다짐했다고 하자. 하필 추석 명절이 코앞이다. 음식 앞에서 다이어트 계획은 흔들리고 만다. 이때, 적당한 논리가 만들어진다. "추석 끝나고 하지 뭐, 새해가 되면, 그때 새롭게 시작하자.". 과식으로 체중이 늘어나는 걱정을 애써 외면한다. 자신에게 부담스러운 정보는 의도적으로 차단하고, 합리화된 이유를 근거로 음식을 편하게 먹고 싶기 때문이다.

씹던 껌을 하수구에 버릴 때도, "하수구! 다른 쓰레기도 있는데 뭐" 공중도덕을 위반한 죄의식을 보호 지능이 억누른다. 앞선 사례에서 담배의 폐해에 대한 정보를 접했거나 다이어트를 잠시 멈출 때, 담배꽁초를 버릴 때, 뇌지능은 옳고 그름에 대해 오래 고민하기 싫어한다. 자신에게 유리한 정보를 취하고, 불리한 정보를 차단하면서 불편한 상황에서 벗어나려는 논리를 만들어 낸다. 대립적 상황을 탈피하려 자신의 처지와 맞지 않는 정보를 애써 외면하는 것이다.

사실, 보호 지능은 몸 전체를 보살펴야 하는 걱정 많은 부모의 심정이다. 살면서 맞닥뜨리는 위험이나 불편한 상황을 적극적으로 대응하도록 신체를 조정한다. 잡다한 인식을 차단하고 집중함으로써 나 자신을 보호하고 어려움을 극복하도록 돕는 부모의 마음과 같다.

거래 상황에서도 이러한 현상은 빈번하게 발생한다. 거래를 하다 보면 불편하고 곤란한 상황에 처하는 경우가 있다. 판매가 부진하거나 거래 관계가 깨질 위험에 직면하기도 한다. 이럴 때일수록 잘 견뎌내고, 다시 시도할 수 있는 에너지가 필요하다.

보호 지능은 어려운 상황에서 목표를 향해 집중하도록 하며, 거래 실패로 쓰러질 때마다 끝내 다시 일으켜 세우는 역할을 한다. 보호 지능의 힘은 생각보다 세다.

6-3. 거래에서 보호 지능을 효과적으로 사용하는 방법

거래 상대방의 손실 회피 본능을 자극하라.

"초등학교 3, 4학년 때 오십시오.

(초등학교) 5, 6학년 때는 늦습니다."

동네 어학원의 노란색 학원 차량에 붙은 현수막 글귀이다. 영어 평가에서 고득점을 따려면 조기 교육이 필요하다는 학원의 주장이다. 어린 자녀를 둔 학부모는 불안감을 느낀다.

"혹시 내 아이가 또래 아이보다 영어에 뒤처지면 어떡하지?"

인간이 가지고 있는 위기감에 소구해서 상품이나 서비스를 홍보하는 행위는 보호 지능을 자극하는 방법이다. 보험, 건강, 노후, 자동차, 연금, 상조 등 다양한 거래 분야에서 활용된다. 거래에서 상대방의 손해를 적당하게 자극하기는 그래서 유용하다.

이러한 자극은 일상에서도 종종 사용된다. 우리 아이들에게 잘 쓰는 엄마의 공포 소구는 이렇다.

"지금 저녁밥 먹지 않으면, 아침까지 아무것도 못 먹게 될 거야. 나중에 배고프다고 말해도 어쩔 수 없어!"

생각해 보면 살아오면서 여러 가지 공포 소구를 들으며 자라 왔다.

"공부를 열심히 하지 않으면 가난해진다. 차 조심해라, 다친다. 어른을 공경 하지 않으면, 하늘에서 벌을 내린다."

어릴 때부터, 정서적 감정을 자극하는 말에 익숙하다. 잘못하면 손해 본다는 압박을 무의식중에 받으며 살아왔다. 불편한 정서적 감정은 보호 지능을 호출한다. 거래 관계에도 영향이 크다. 협의안을 수용하지 않으면 뭔가 손해 볼 수 있다는 상대방의 암시에 마음이 쓰이고, 결국 받아들이는 자신을 발견하곤 한다. 특히, 중요한 거래에서 손실은 필사적으로 회피하려 한다.

조선 시대 최고의 인삼 무역왕 임상옥은 손해를 볼 수밖에 없는 거래 상황에 직면하게 됐다. 청나라에서 고려인삼을 판매하던 때였다. 보통 일정 기간 임시 장터(시장)가 열리고, 그 기간 동안 조선과 청나라 상인들은 고려인삼을 거래해 오고 있었다.

한번은 청나라 상인들이 짜고서 고려인삼을 저가에 매입하려는 담합을 모의했다. 이 때문에 조선 상인들은 어쩔 수 없이 싼 값에 인삼을 내놓아야 했다. 손해를 보고라도 팔 수밖에 없다고 생각한 것이다.

임상옥만은 생각이 달랐다. 조선 상인이 싸게 내놓은 인삼을 모조리 매입하고서, 청나라 상인이 부른 가격의 두 배로 시장에 내놓았다. 중국 한약재에 고려인삼이 꼭 필요하다는 사실을 임상옥은 잘 알고 있는 터였다. 청나라 상인들도 고려인삼을 확보하지 못하면 큰 손해를 입게 될 처지였다. 청나라 상인들은 임상옥이 제시한 가격에 크게 반발하며, 여러 채널을 동원해서 그를 압박했다.

시간이 흘러, 어느덧 임시 장터가 끝나고 조선 상인들이 귀국해야 할 시간이 임박했다. 임상옥은 숙소 앞마당에 장작을 쌓고 불을 지폈다.

그리고 마당 한구석에 쌓인 인삼 상자를 불 속으로 하나씩 던져 넣기 시작했다. 이 소식이 장터에 퍼지자 청나라 상인들이 황급히 몰려들었다. 눈앞에서 고려인삼이 불타는 광경을 본 청나라 상인들은 당황해하며 임상옥에게 새로운 거래 조건을 제시했다. 아랑곳하지 않고 계속 불쏘시개로 던져지던 고려인삼은 이미 태워버린 인삼값까지 받아내는 거래가 성사되고서야 멈추었다.

이 일을 계기로 임상옥은 중국에서도 알아주는 갑부의 대열에 올랐다. 보호 지능이 더 민감하게 작용했던 청나라 상인들은 더는 못 버티고, 먼저 위험에서 벗어나려는 행동을 택한 것이다. 손실 회피 본능의 세기는 상대적이다. 나도 손해지만 상대방이 더 큰 손해라고 인정될 때, 자신에게 유리한 거래로 리드가 가능하다.

손실 회피라는 보호 지능은 실질적 손실 상황에서도 나타나지만, 시간이나 선착순 같은 조건에서도 곧잘 작동한다. 개인적으로 집을 팔고 전세를 얻을 때였다. 근처 부동산 중개업소를 찾았다. 김 실장이라는분이 반갑게 맞아 주었다. 그녀는 "요즘 집값 전망이 좋지 않아 구매자가 많지 않다."고 귀띔했다. 이 말을 듣자, "집이 안 팔리면 집값을 조금 내려서라도 팔아야 하나?" 덜컥 걱정이 앞섰다.

우려도 잠시, 다음 날 부동산에서 연락이 왔다. 같은 아파트에 사는 주민이 집을 보러 오겠다는 것이다. 구매 희망자가 집을 보고 간 후 김 실장에게서 바로 연락이 왔다. 집을 본 사람이 마음에 들어 한다며 내일이라도 계약하자고 했다. 김 실장은 이런 말을 잊지 않았다.

"사장님, 매수자가 귀한 상황인데 다행히도 잘 맞는 매수자가 생겼으니 이때를 놓치면 언제 팔릴지 장담을 할 수가 없습니다. 서두르셔야 합니다."

통화 중에 나의 보호 지능이 계속 꿈틀거렸다. 부동산 전망이 좋지 않다는데 집값이 내려가기 전에 팔게 되어 다행이라는 생각과 이렇게 빨리 팔아도 되는지 망설임으로 마음이 복잡했다.

"네..., 알았어요, 아내 의견을 물어보고요..."

다음 날 오후, 조금 늦은 탓에 나는 헐떡이는 숨을 고르며 부동산 사무실에 들어갔다. 아내와 부동산 사장, 매수인 모두가 모여 있었다. 부동산 사장의 능숙한 진행으로 계약서와 계약금 양수서에 도장을 찍었다. 매매 계약이 완료됐다. 그렇게 김 실장과의 거래가 일단락되는 줄 알았다.

계약을 마치고 나서려는데 김 실장과 아내가 무엇인가를 얘기하는 모습이 눈에 들어왔다. 돌아오는 길에 아내는 내게 김 실장을 통해 전셋집도 알아보기로 했다고 한다. 대단한 거래 지능의 소유자를 만난 것이다. 김 실장의 중개로 지금 살던 곳보다 역세권이면서 신규 아파트를 소개받았다. 이왕이면 단지 내에서 전망도 좋고 출퇴근이 편한 동을 고르고 싶었다. "부동산 시장이 불황이라는데, 이젠 내가 입주자로서 반대 입장 아닌가! 제대로 거래해 봐야지!" 이런저런 생각에 잠겨 있을때, 김 실장에게서 연락이 왔다.

"사장님 안녕하세요, 사장님께서 입주하고 싶다는 그 집은 단지 내에서도 위치가 좋아서 여러 사람이 선호하는 집입니다. 더구나 오늘도 한 분이 그 집을 보러 가신다고 하네요. 바로 결정을 하세요."

"네? 네~~!!"

그렇게 통화는 끝났다. 이틀 후 주말에 집주인과 전세 계약서에 도장을 찍었다.

거래의 목적은 무엇인가? 내가 원하는 것을 상대방으로부터 얻는 행위다. 거래 상대방을 움직여야 한다. 이익에 중점을 두고 어필할 수도 있지만, 반대로 적절한 손실 상황을 제시함으로써 이를 기피하려는 인지 방어 시스템을 활용할 수도 있다.

투자의 귀재로 불리는 워런 버핏Warren Buffett. 그의 곁에는 투자 자문 역할을 하는 버크셔 해서웨이의 부회장 찰리 멍거Charlie Munger가 있다. 40여 년 동안 버핏의 투자 자문을 맡아 오고 있다. 그는 투자를 결정할 때 버핏보다 위험을 더 따지고 신중하게 접근한다.

한 인터뷰에서 버핏은 멍거에 대해 이렇게 평가했다. "어떤 약점이든 60초 안에 간파해 내는 완벽한 파트너다." 멍거는 강력한 보호 지능의 소유자였던 것이다. 자신에게 닥칠 손해는 빠르게 회피할 줄 알고, 남의 손해 상황을 활용하는 거래 능력자였다. 이러한 투자 기술은 멍거를 최고의 투자 자문역으로 칭송받게 만들었다. 거래 담당자가 배워야 할 기술이다.

공포나 위협은 생존 본능을 자극하기 때문에 소구력이 강할 수밖에 없다. 다만, 너무 과한 공포 자극은 거부감이나 차단 같은 부작용을 일으키기도 한다. 적절하게만 사용한다면 성공적 거래를 보장받기 쉬운 수단임엔 틀림없다.

어려움 속에서도 보호 지능이 창조케 하라.

창의적 사고는 자유롭고 편안한 환경에서만 활성화되는 사고가 아니다. 일하다 보면 창의적 대안이 필요한데, 자유롭고 편안한 환경이 아닌 경우가 많다. 다행인 것은 힘들고 어려운 상황에서도 궁극적 대안이 나올 가능성이 많다는 점이다. 특히, 굳건한 희망과 간절한 바람을 갖고 있다면 더 그렇다. 보호 지능이 엔돌핀이나 도파민 같은 화학 물질을 통해, 스스로 긍정 보상을 느끼고 창의적인 활동을 유도하기 때문이다.

'유레카Eureka'로 유명한 그리스 철학자 아르키메데스Archimedes가 그랬다. 그는 당대 저명한 수학자이자 물리학자였다. 그런 그가 어쩌다가 벌거벗은 몸으로 '유레카'를 연발하게 되었을까? 이 이야기는 왕으로부터 "새로 만든 왕관의 순금 여부를 증명하라!"는 명령에서 시작되었다.

며칠을 고심해도 방법을 찾지 못하고 고심만 깊어졌다. 그렇다고 왕관을 녹여 볼 수도 없는 노릇이었다. 아르키메데스의 보호 지능은 이렇게 외친다. "내가 누군가, 이 나라 최고의 수학자이자 물리학자야! 반드시 밝혀내겠다!" 스스로 위로하며 자존감을 키워나갔다. 물론, 왕의 엄중한 명령을 허투루 할 수도 없었다. 위기의 상황에서 그의 보호 지능은 해법 찾기에 골몰했다. 지치거나 포기하지 않도록 호르몬을 계속 분비하며 그의 지능이 창의적으로 활동하도록 도왔다.

어느 날 복잡한 머리를 식히기 위해서 목욕하던 중에 욕조의 물이 넘치는 것을 보고, 지능이 번뜩였다. 왕관이 순금인지 알아내는 방법을 순간 깨달았기 때문이다. 위기 상황에서 방법을 찾으려는 간절한 바람은 보호 지능으로 하여금 결국 "아~~" 하는 창의적 깨달음을 맛보게 했다. 간절한 바람과 압박이 얼마나 컸으면, 옷도 입지 않은 채 밖으로 뛰쳐나갔을까! 위기를 벗어나려는 창의적 긴장감은 '어제와 같은 일상'을 '특별한 하루'로 만드는 재주를 지녔다.

과거를 돌이켜 보더라도, 어려운 시기에 혁신적인 제품이 탄생한 것을 알 수 있다. TV, 라디오, 복사기 등 혁신적이고 창조적인 제품이 모두 대공황이라는 어려운 시절에 개발되고 출시되었다. 어려운 시장 환경을 극복하려는 기업 구성원들의 보호 지능 때문이다. 힘들고 어려운 상황에서 벗어나고자 기업의 보호 지능이 해결사로 나선 것이다.

닌텐도는 창의적인 시장 개척자로 유명한 게임 회사다. 한창 주가를 올릴 때는 일본에서 도요타 자동차를 제치고 최고의 이익을 내는 회사가 되기도 했다. 이 회사 개발 본부장 미야모토 시게루 전무는 그 당시 성장의 원동력은 위기 극복을 위한 혁신의 결과라고 단호히 말한다. 게임기 시장은 생필품이 아니기 때문에 "고객은 언제나 떠날 수 있다!"는 위기 의식이 존재하는 시장이다. 시장에서 꼭 살아남겠다는 간절한 바람은 끊임없이 아이디어를 궁리하게 만들고, 그 결과로 히트 상품을 내놓게 되었다는 얘기다. 조직 구성원의 보호 지능을 긍정적으로 자극하고 독려하는 기업 문화였기에 가능한 성과였다.

어린이의 창의성을 도와주는 장난감 하면 레고^{Lego}를 떠올린다. 이런 회사도 창의적이고 혁신적인 보호 지능이 절실했던 때가 있었다. 그 당시, 회사 손익이 적자로 돌아서면서 1,000명이 넘는 임직원이 회사를 떠나야 했다. 파산 위기 직전까지 간 것이다. 이를 극복하기 위한 노력은 치열했고 간절했다. 고통의 시간을 겪으면서 스토리가 있는 레고라는 콘셉트로 돌파구를 모색했다. 예컨대 《스타워즈》, 《어벤저스》와 같은 영화 이야기와 연계하여 상품을 출시하고 '닌자고'라는 스토리를 자체 개발하거나 《레고무비》라는 영화도 제작했다.

한편으로, '스토리가 있는 레고'를 구체화하여 아이들이 직접 이야기에 참여하도록 유도했다. 스토리에 맞는 등장인물과 배경 등을 조립하면서 아이들은 위험천만한 모험을 즐기며, 스토리의 주인공이 될 수 있었다. 다른 장난감 회사들은 비디오 게임과 스마트폰에 어린이 고객을 빼앗기고, 세계 최대의 장난감 유통 회사인 토이저러스가 파산하는 등 어려움을 겪는 중에도, 레고는 굳건하게 시장을 지배할 수 있었다.

레고는 과거의 어려움을 통해서 환경에 빠르게 대응하는 보호 지능이 상시 작동하는 회사가 되어 있었다. 수영장에 레고 모형의 튜브가 떠다니는 레고 호텔, 레고 캐릭터들이 등장하는 비디오 게임, 컴퓨터 코딩을 접목하여 움직이는 레고 등 끊임없이 변화를 시도하고 있기 때문이다.

"어차피 망할 거, 만들고 싶던 물건이나 만들어 보자!"

2008년 금융 위기로 파산에 직면했던 생활가전 제조사 '발뮤다'의

CEO 테라오 겐이 되뇌던 말이다. 엄습하는 위기는 파격적인 일을 시도하게 만든다. 선풍기는 보통 5만 원~10만 원대의 저가 상품이고 지난 100년간 기계 구조가 별반 다르지 않은, 고착화된 제품이다. 이런 선풍기 시장에 50만 원대의 선풍기를 만들겠다는 무모한 도전을 시작한 것이다.

공장의 직원들이 벽 쪽으로 선풍기를 틀고 있는 모습을 보게 되면서, 벽에 부딪혀 돌아오는 바람은 부드러워지는 현상에 착안하여 새로운 선풍기 개발에 착수한 것이다. 여러 어려움 끝에, 자연의 부드럽고 질 좋은 바람을 콘셉트로 2중 날개 구조와 컴퓨터 냉각팬의 저소음 모터를 탑재한 혁신적 제품이 탄생하게 되었다. 그 결과, 파산 직전의 발뮤다는 극적으로 회복하였고, 그 후 5년간 50배 이상으로 성장하는 혁신 기업이 되었다.

성공한 창업가들은 어려운 상황에서도 "위기를 통해 성장한다."거나 "위기가 기회다."를 외치며 새로운 비전과 희망을 조직에 심어 주는 데 능숙하다. 어려운 상황에서 비전과 희망은 조직의 보호 지능을 강력하게 자극하기 때문이다.

누구든 어려움을 겪는다. 영업이나 거래에서도 마찬가지다. 성공한 이들이 정의하는 어려운 상황이란 낙심할 때가 아니라 희망을 가질 때이다. 알라딘은 위급한 상황마다 요술램프 속 지니를 호출한다. 혹시, 지금 상황이 간절하고 어려운가? 그렇다면, 나의 뇌지능 속에 잠자는 보호 지능의 무한한 능력을 체험할 시간이다. 요술램프 속에 잠자는 보호 지능을 호출해 보라.

실패를 극복하는 간절함과 자존감을 발휘하라.

"그때는 내가 다른 생각을 할 겨를이 없었어, 좀 흥분했었나 봐."

크게 화가 났거나, 급박한 상황일 때 누구나 한 번쯤은 겪어 봤을 일이다. 그땐 왜 차분하게 대응하지 못했던 걸까? 흥분이 가라앉고 나서야 드는 생각이다. 보호 지능의 또 다른 기능인 인식 차단이 작동한 탓이다.

인식 차단도 생존이나 어려운 상황에서 탈피하려는 인지 방어 시스템이다. 특정 상황에 집중하도록 만들기 때문에 때로는 부적절한 반응이 나오기도 하지만, 근본적으로 자신을 보호하려는 본능적인 안전장치이다.

거래 관계에서도 이 방어 시스템은 중요한 기능을 담당한다. 개인이나 기업은 영업과 마케팅에서 거절과 실패를 경험하기 마련이다. 그때마다 실망과 좌절에서 벗어나지 못한다면, 일을 계속할 수 없다. 예컨대, 보험 상품을 누군가에게 권한 후 거절당했을 때, 신입 보험 설계사들은 창피하고, 기분 나쁜 생각에 어찌할 바를 모르거나 좌절한다. 새로운 고객을 만날 때마다 거절당했던 생각에 움츠러든다면 영업을 제대로 할 수 없다. 경쟁에서 살아남으려면 이를 극복해야만 한다. 갈급한 마음과 스스로에 대한 위로는 보호 지능의 방어 시스템인 인식 차단을 작동시켜 어려움을 극복하도록 돕는다.

보험 영업 사원으로 시작해서 큰 성공을 거둔 하석태 대표는 자신의 삶을 통해 보호 지능의 능력을 경험한 사람이다. ING생명의 상무이사, 미래에셋생명의 전무이사를 역임하였고 지금은 자신의 이니셜을 딴 세일즈 교육 전문 기업인 HST 그룹을 운영 중이다. 그의 성공 배경에는 지독한 어려움과 위기를 겪으며 쌓은 저력이 버티고 있다. 돈을 벌기 위해 뛰어든 보험 영업 초기에는 거절과 냉소의 연속이었다.

첫 번째 보험 계약은 압구정동 어느 미용실에서 이루어졌다. 무작정 들어가서 보험 상품을 소리쳐 외쳤고, 우연히 그곳에서 머리 손질을 하던 손님과 첫 거래가 성사됐다. 이것이 인연이 되어 그는 일주일에 두세 번씩 그 미용실을 방문하며 친분을 쌓아 갔다.

그러던 어느 날, 눈길 한 번 주지 않던 헤어 디자이너 원장이 저녁에 상담하자는 말을 전해 왔다. 그토록 노력했던 목표가 이루어지는 순간이었다. 세심한 주의를 기울여 미팅을 준비하며 하루를 보냈다. 이윽고 약속 시간이 되어 원장실을 찾았다. 그런데 미용실 직원이 문을 가로막아 섰다. 자초지종을 얘기하며 문밖에서 실랑이를 하고 있는데, 원장실로부터 들려온 한마디가 그의 마음을 흔들어 놓았다.

"필요 없으니 가시라고 해."

본인이 보자고 해서 왔는데, 밖에 나와 보지도 않고, 말 그대로 문전박대를 당한 것이다. 아무런 말도 못하고 돌아 나오면서, 오던 길에 털썩 주저앉아 펑펑 울었다. 일주일에 두세 번을 찾아가던 곳에서 인격적인 무시를 당했다는 생각이 그를 무너뜨린 것이다. 하대표는 이러한 아픈 경험을 겪으며 다짐을 하게 됐다.

"남에게 무시나 비난을 받아도 상처받지 말자. 나를 업신여겨도 개의치 말자. 왜냐하면 나는 꼭 성공할 거니까!"

하 대표는 뼈아픈 경험에 대한 좌절감을 차단하면서 정신을 가다듬고, 다시금 목표를 향해 달렸다. 그 후로도 많은 고객의 냉대가 있었지만 더는 주눅 들지 않았다. 보호 지능은 그에게 인식 차단을 처방했다. 그에겐 고객의 거절과 냉대가 더 이상 좌절의 이유가 되지 못했다. 오히려 꼭 성공해야겠다는 절실함을 키우는 자극제가 됐다. 그리고 보란 듯이 성공의 반열에 올랐다.

강력한 목표 의식, 성공하겠다는 단단한 마음가짐은 불필요한 인식을 차단해 주는 보호 지능을 발현시킨다. 하 대표가 갖고 있는 강력한 성공 의지는 그의 성장 배경을 보면 짐작할 수 있다. 어릴 적 그의 집안은 어머니가 홍등가 여성들의 옷가지를 세탁하며 생계를 꾸려나갈 정도로 가난했다. 돈이 필요했다. 성공이 절실했다. 그래서 시작한 일이 보험 영업이다. 누구보다도 강력한 보호 지능이 작동할 수밖에 없었던 환경이었다.

하 대표만큼이나 강력한 보호 지능을 소유한 인물이 있다. 천호 식품의 김영식 회장이다.

"간절히 원하면 이루어진다. 이를 위해 내가 미쳐야 한다. 그래야 상대방을 움직일 수 있기 때문이다."

김 회장이 강연회마다 강조해 온 말이다. 그는 신혼생활을 보증금 3만 원에 월세 7천 원짜리 슬레이트 지붕 단칸방에서 시작했다. 초등학생 딸이 친구들한테 공부방도 책상도 없이 산다는 놀림을 받았던 때도 있었고, IMF에 회사 부도로 20억 원을 빚지고 여관방에서 몇백 원짜리 소시지와 소주로 저녁을 대신하기도 했다. 이때마다 버텨냈던 힘은 '꼭 성공하겠다!'는 희망과 의지가 만들어 낸 강력한 보호 지능이었다.

돈이 없다는 자격지심이나, '내가 해낼 수 있을까?'라는 의구심, 20억 원의 큰 빚에 대한 막연한 중압감을 차단하고 성공하겠다는 생각과 행동에 집중하도록 보호 지능이 작동했으며, 마침내 국내 유수의 건강 기업을 경영하는 회장이 되었다.

영업의 고수나, 거래 전문가, 협상의 달인들은 거래에 불필요한 생각이나 상념을 차단하고, 목표에 적합한 자기 합리화를 잘하는 특성이 있다. 일본에서 영업의 신이라 불린 하라이 페이는 자신의 은퇴식에서 한 기자에게 이런 질문을 받았다.

"거절을 많이 당하면 자존심이 상하지 않습니까?"

하라이 페이는 미소를 지으며 대답한다.

"아니요, 거절하는 사람보다 제 연봉이 훨씬 많은걸요. 자존심이 상할 이유가 없지요!"

하라이 페이에게 있는 견고한 자존감을 엿볼 수 있는 대목이다. 자신의 엄청난 연봉이 고객에게서 나오기에 새로운 고객을 많이 만날 수밖에 없다. 최고의 연봉은 자존심이 상하는 거절을 겪으며 얻은 값비싼 대가다. 보호 지능은 그에게 이렇게 호소한다.

"당신에게 부를 가져다주는 고객이 거절 좀 하는데, 그걸 두려워해? 고마워하고, 더 많은 고객을 만나야지? 부자가 되고 싶지 않은가?"

스스로 위로하며 이를 극복하는 마음을 갖게 만든 것이다.

실패 앞에서 대부분은 위축되고 낙심한다. 성공한 전문가조차도 거절과 실패는 여전히 공포와 전율의 순간이라 말한다. 단지 다른 점은 거절과 실패의 공포를 조금 더 빨리 차단하고 극복할 뿐이다. 좌절하고서도 얼마 안 있어 새로운 고객을 만나거나 다시 사업에 도전한다. 이런 사람들의 공통된 특징은 보호 지능의 근력이 단단해져 있다는 점이다.

개인적으로도 일을 추진하면서 중요한 고비가 있을 때마다, 진땀을 몸으로 느끼곤 한다. 바로 씻고 싶을 정도로 몸이 찜찜하다. 여전히 거절과 실패는 벅차다. 그럴 때마다 지난날 어려운 프로젝트를 같이 하면서 동고동락하던 선배의 말을 되새겨 본다.

"인디언의 기우제는 항상 성공하는데 그 이유가 뭔지 알아? 인디언들은 비가 올 때까지 기우제를 드리기 때문이야!"

성공은 못하는 것이 아니라 포기하는 것이다. 굳건한 희망과 간절한 바람은 보호 지능에 활력을 불어넣는다. 힘들고 어렵다고 느끼는 그때, 보호 지능의 방어 시스템이 작동된다. 그리고 끈기 있게 버티도록 도우며, 반드시 이루도록 우리를 이끌 것이다.

거래의 결과는
당사자 간 거래 지능의 총합이다.

1. 두 거물의 만남에서 거래 지능을 보다.

모든 거래의 성공과 실패는 거래 지능이 작동한 결과다. 지금까지 논의된 여섯 가지의 거래 지능이 거래 관계에서 어떻게 작동하는지 대표적인 거래 사례를 통해서 종합적으로 살펴보고자 한다.

미국 증시에 상장되면서 시가 총액이 약 2,300억 달러(한화 약 250조)에 달해, 당시 페이스북과 아마존, IBM을 추월한 기업이 있다. 중국 전자상거래 1위 기업인 알리바바의 이야기다. 알리바바가 있기까지 창업주 마윈의 역량도 중요했지만, 손정의 회장과의 빅딜을 빼놓을 수 없다. 두 거장 간의 운명적 거래가 있었기에 세계적 인터넷 기업인 알리바바가 존재할 수 있었다.

"당신 회사에 투자하겠습니다. 얼마나 필요하신가요?"

1999년 10월, 투자 미팅 6분 만에 손정의 회장이 발표 중이던 마윈에게 던진 말이다. 5,000만 달러의 투자를 그 자리에서 결정한 것이다. 2019년에 열린 도쿄 포럼에서 손 회장은 마윈과의 첫 만남을 이렇게 회상했다.

"개와 늑대는 비슷해 보이지만 다르다. 개는 개를, 늑대는 늑대를 서로 알아본다. 우리는 서로를 냄새로 알아봤다."

두 사람은 서로가 '같은 부류의 사람'임을 동물적 감각으로 느꼈다는 말이다. 그들의 만남에서 거래 지능이 어떻게 작동하였기에 역사적인 거래가 그 짧은 시간에 성사된 것일까?

우선, 마윈은 손 회장의 '연결 지능'을 제대로 자극했다. 당시 손 회장은 중국이 인터넷 불모지였지만 크게 성장할 것을 직감하고 장기적인 투자 계획을 세우고 있었다. 거대 중국 인터넷 시장을 개척해 나갈 철학과 통찰을 보유한 차세대 기업가를 찾는 중이었다.

투자 설명회 당일, 마윈은 별도의 발표 자료 없이 평소 자신의 사업관 중심으로 이야기를 진행해 나갔다. 중국 인터넷 시장의 잠재력, 중국형 전자 상거래 비즈니스에 대한 그의 철학과 알리바바의 비전이었다. 마윈의 발표는 손 회장의 기대와 제대로 맞아떨어졌다. 손 회장은 자신의 머릿속에 그리던 적임자임을 직감하였다. 손 회장의 '연결 지능'이 반응하지 않을 수 없었다.

여기에 더하여, 중국 인터넷 시장에 적합한 비즈니스 모델은 손 회장의 '예측 지능'을 움직였다. '아, 중국에서는 이 모델이 통할 수 있겠구나!'라는 상상력을 심어 주기에 충분했다. 당시 중국에는 기업의 85%를 차지하는 수백만의 중소기업이 있었다. 이들은 세계의 공장 역할을 하며 다양한 제품을 저렴하게 생산했다. 아쉽게도 영세한 자본력 때문에 상품 홍보나 판로 개척을 위한 변변한 인프라를 갖추지 못했다.

마윈의 알리바바는 인터넷을 통해 중국 중소기업을 세계의 소비자에게 연결해 주는 B2B 전자상거래 플랫폼을 만들겠다는 구상을 갖고 있었다. 이러한 계획은 손 회장에게 강력하게 다가왔고, 마윈이 곧 야후의 제리양이나 아마존의 제프 베조스와 같이 크게 성공할 인물이 될 것으로 예상했다. 손 회장의 '예측 지능'이 번뜩이는 순간이었다.

한편, 도쿄 포럼에서 손 회장은 알리바바에 거금을 투자한 이유를 이렇게 말하고 있다.

"첫 대면에서 마윈은 돈 얘기를 하지 않았어요, 그는 '꿈(사업 비전)'을 얘기했죠."

당시 손 회장은 여러 벤처 기업들로부터 투자 제안을 받고 있었다. 다들 돈을 투자해 달라는 제안이었다. 반면 마윈의 알리바바는 여타 벤처 기업과 달랐다. 마윈과 논의할수록 손 회장의 '차별화 지능'은 더욱 강렬해져 갔다.

무엇이 손 회장의 차별화 지능을 자극한 걸까? 우선, 창업주 마윈의 자질이다. 사업에 대한 확고한 철학과 자신에 차 있는 당당함이다. 당시 마윈은 단순히 돈을 투자하는 기업이 아닌, 사업 파트너를 원했다. 그렇다 보니, 손 회장의 5,000만 달러 투자 제안을 즉석에서 거절하는 당당함은 유명한 일화로 전해진다. 두 번째로 알리바바의 잠재력이다. 이미 세계적 투자 기업인 골드만삭스로부터 500만 달러의 투자(인정)를 받은 상태였고, 중국 정부의 대외경제무역부에서 함께 일했던 멤버가 주축이 된 알리바바의 탄탄한 인력 구성도 후한 점수를 받았다. 마지막으로 차별적인 사업 모델이다. 당시 인기 있던 포털(야후), B2C(아마존), C2C(이베이) 등의 모델과 차별화된 알리바바의 B2B(중소기업 간 거래) 모델에 대한 가능성이다. 중소 제조업 천국이던 중국 시장을 한 데 묶을 중국에 적합한 인터넷 모델로, 성장 잠재력을 꿰뚫어 본 것이다.

발표한 지 단 6분 만에 손 회장으로부터 거금의 투자를 끌어낸 마윈의 능력 또한 간과할 수 없다. 마윈에게는 손 회장의 동물적 감각을 깨우는 강력하고도 정곡을 찌르는 커뮤니케이션 능력이 있었다. 당시 마윈은 이미 여러 기관과 투자 유치를 협의해 오고 있었다. 투자하려는 기업의 제안도 쉽게 수용하지 않는 등 여러 협상 경험을 나름대로 갖고 있었다. 손 회장과의 만남에서도 마윈은 어떻게 이야기를 전개해야 하는지 잘 알고 있었다. 자신의 경력, 알리바바의 구성원, 유명 투자사로부터의 투자 현황 그리고 중국 인터넷 시장에 대한 통찰력 등을 가감없이 전달했다. 마윈의 사업 능력을 보여 주는 데는 그리 긴 시간이 필요하지 않았다. 그렇게 손 회장과 마윈의 첫 미팅은 '냄새로 서로를 바로 알아보는 운명적 만남'이 되었다. 단박에 알아보고, 직감하는 '함축 지능'을 보유한 거물들의 만남이었다.

이들의 만남은 우연이었을까? 중국 인터넷 1세대 마윈, 세계적 인터넷 투자 재벌 손정의, 두 사람은 중국 인터넷 발전 과정에서 마주칠 수밖에 없는 관계였다. 그 이유는 손 회장이나 마윈과 얽혀 있는 중국 인터넷 시장의 인맥 관계 때문이다. 손 회장은 1995년 야후 창업에 투자한 인연으로 제리 양을 잘 알게 된다. 이후 휴가차 중국에 방문한 제리 양은 만리장성 투어 가이드로 마윈을 만난다. 그때 마윈은 자신이 인터넷 사업에 도전하고 있고 중국형 B2B 전자상거래 모델을 고민한다는 이야기를 나눈다. 그 후 중국 투자에 관심을 기울이던 손 회장에게 제리 양은 마윈을 소개하게 된다. 손 회장과 마윈의 투자 미팅이 성사되는 데에는 '관계 지능'의 상호 작용이 존재하고 있었던 것이다.

사실 마윈은 '관계 지능'이 매우 뛰어난 인물이다. 알리바바를 설립할 때 사무실 비용을 아끼고자 자신의 집 한쪽을 내주었고, 알리바바 주식을 창업 멤버들과 골고루 나누는 등 배려와 희생의 리더십이 남달랐다. 그 때문에 창업 멤버 18명은 그 후로 여러 어려움 속에서도 한 명의 이탈자 없이 알리바바를 최고의 인터넷 기업으로 만들어 냈다. 인간관계를 제대로 엮을 줄 아는 마윈의 '관계 지능'은 사업 성공에 중요한 요소로 작용했다.

'보호 지능'은 어렵고 힘든 상황에서도 자신을 보호하고 지켜내면서,

거래를 끝끝내 이루도록 돕는 지능이다. 손 회장이 투자 설명을 시작한 지 6분 만에 5,000만 달러를 투자한다고 했을 때 마윈의 보호 지능은 즉각 반응했다. 손 회장의 투자를 거절한 것이다. 금액이 너무 크다는 것이 이유였다. 과거, 마윈은 투자 회사에 많은 지분을 양도하여 의사 결정권을 갖지 못한 경험이 있었다. 그 때문에 사업을 추진하면서 번번이 투자 회사와 의견 충돌로 어려움을 겪었고, 결국 해당 사업을 포기해야 했다.

이런 경험 때문에 투자금을 조절하고 지분율을 낮춰야 한다는 보호 지능이 강하게 작용하게 됐다. 이후 몇 차례 협상 과정을 통해 2,000만 달러만 받는 것으로 거래는 마무리되었다. 거래 조건에는 알리바바의 장기적 계획을 존중하고, 지나친 경영 간섭을 하지 않는다는 내용도 포함되었다. 끝까지 긴장감을 놓지 않고 거래 조건을 꼼꼼히 챙기는 마윈의 '보호 지능'이 크게 작용한 결과였다.

사회생활을 하는 우리에게 거래는 필연적이다. 이 때문에 인간은 거래하는 기술을 타고난 본성으로 갖게 되었다. 우리의 두뇌에 거래 지능이 발달한 이유이기도 하다. 그러나 거래 본능으로만 성공적인 거래를 완성할 수 없다. 효과적이고 체계적인 거래를 위해서는 의식적으로 거래 지능의 특징을 이해하고 활용하는 노력이 필요하기 때문이다. 성공적 거래는 상대방이 어떤 환경과 생각을 하고 있는지?(연결 지능), 그에게 어떤 기대를 전달할지?(예측 지능), 나를 어떻게 남과 다르게 보일지?(차별화 지능), 간결하게 설명할 포인트는 무엇인지?(함축 지능),

거래 상대방의 조직을 효과적으로 어떻게 관계할지?(관계 지능) 그리고 어려움을 겪더라도 끝내 성사시키겠다는 마음가짐(보호 지능) 등을 필요로 한다.

결국, 거래의 성사는 거래 담당자들이 평소에 가지고 있는 거래 지능에 영향을 받는다. 그래서 이렇게 정리할 수 있다.

"거래의 완성은 여섯 개의 탁월한 거래 지능의 조합으로 만들어진다."

2. 거래 기술의 첫발을 내딛다.

거래 지능을 집필하고, 주위에서 거래 지능을 알고 나면 무엇이 좋아지느냐고 묻는다. 나는 자기의 생각을 상대방 입장에서 다양하게 풀어가는 시각과 태도가 좋아진다고 말하고 싶다. 상대방 입장을 이해하고 행동하기는 쉬운 듯하지만 어려운 일이다. 거래 지능은 이 어려운 문제를 근본적으로 다시 짚는 단초라 생각한다.

거래 지능은 거래 상황에서 필요한 기본적 사고요 자질이다. 거래 지능을 알게 되었다면 거래 기술의 첫 단계를 시작한 것이다. 달리기 시합으로 비유하자면 시합에 나서기 전에 기본기를 익힌 상태와 같다. 초보 달리기 선수의 경우, 본격적으로 달리기 시합에 참가하면서 매경기 치열한 경쟁을 치르지만, 상위권 성적을 단숨에 내기는 쉽지 않다.

그러나 무작정 땀나게 뛰는 선수보다 호흡법과 기본 주법을 익히고 달리는 선수는 경기가 진행될수록 실력을 향상시킬 가능성이 더 높다.

경영 혁신 전문가 남충희 회장은 기본기의 중요성을 강조하며 투수는 직구를 잘 던져야 한다고 강조한다. 직구의 기본기가 제대로 갖춰지면 커브나 싱커와 같은 다양한 기술을 효과적으로 구사할 수 있기 때문이다. 거래의 기본기가 잘 잡혀 있으면 다양한 거래 상황에서도 적절한 대응력을 발휘할 수 있다는 논리와 같다.

거래의 기본기를 알고 난 후에도 새로운 거래를 만날 때마다 여전히 새롭게 고민해야 하는 일들이 생기게 마련이다. 개인적으로도 제안 미팅을 할 때면 '아차' 하는 보완 사안들이 자주 생긴다. 그럴 때마다 거래 지능의 여섯 가지 기본 지능을 생각해 본다. 어느 순간에는 몸에 밴 행동처럼 반응할 때가 있다.

제안이나 거래를 실수 없이 완벽하게 처리하는 전문가가 몇이나 될까? 자신의 거래 경험을 교훈 삼아 다음 제안에 임하는 거래 담당자들이 대부분이다. 조금씩 발전하고, 나날이 성장하는 것만으로도 감사할 따름이다.

마음속으로는 빅딜에 성공한 부호들의 거래 능력을 동경하지만, 현실에서는 소소한 거래 하나하나에 최선을 다해야 하는 처지이다. 이 책은 실무 거래 상황에서 생긴 궁금증과 해결 방안을 뇌지능의 원리 측면에서 고민하고 정리하였다. 여전히 수정하고 보완되어야 할 내용이 많다. 그럼에도 부족한 책을 읽어 주신 독자분들에게 고개 숙여 깊은 감사의 마음을 전해드린다.

3. 감사의 말 Special Thanks!

먼저 하나님께 감사드리고, 이 책이 나오기까지 도움을 주신 미문사 김종욱 대표님과 편집자님께 감사를 드린다. 그리고 책과강연의 이정훈 대표님, 김태환 부대표님께도 감사드리며, 책에 대해 조언을 아끼지 않으신 선후배님도 잊을 수 없다. 무엇보다도 우리 가족에게 매우 감사한다. 책을 내겠다고 오랜 기간 주말에 홀로 시간을 보낼 수 있도록 배려해 준 아내와 아이들에게 무한한 감사의 마음을 전한다.

참고 문헌

◆저자 서문

01. 김광태(2020. 04. 27). 이언 교수 "코로나 이후는 지금과 완전히 다른 세상 될 것". 디지털 타임즈(http://www.dt.co.kr/contents.html?article_no=2020042802102157607001&ref=naver)

02. 박정은 외(2016). 『지능화시대의 패러다임 변화와 대응전략』. 한국정보화진흥원.

03. 에릭 브린욜프슨(2014). 『제2의 기계시대』. 청림출판. p11~13

04. 제러미 리프킨(2020). 이영호. 『노동의 종말』. 민음사. p20~22

05. 장박원(2018). 『리더의 말』. 프레너미. p22~26

06. 리처드돕스(2017). 고영태. 『미래의 속도』. 청림출판. p70~71

07. 유발 하라리(2015). 조현욱. 『사피엔스』. 김영사. p10

◆제1편

01. 한스 외르크 바우어(2003). 이영희. 『상거래의 역사』. 삼진기획. p18~19

02. 카일 맥도널드(2008). 안진환. 『빨간 클립 한 개』. 소담출판사.

03. 정주영(2009). 『시련은 있어도 실패는 없다』. 제삼기획. p118~124

04. 최인호(2007). 『상도』. 여백. p116~119

05. 장길수(2020. 07. 06.). "로봇으로 사회적 거리두기를 실현한다". 로봇신문. (http://www.irobotnews.com/news/articleView.html?idxno=21356)

06. 존 나이스비트(1987). 이병국. 『메가트렌드』. 청아출판사. p14~17, p158~159

07. 맹재원(2007). 콘셉트 세일즈. 멘토르. p38~39

08. 필립 코틀러(2010). 안진환. 『마켓 3.0』. 타임비즈. p21~24

09. 필립 코틀러(2017). 이진원. 『마켓 4.0』. 길벗. p131~135, p189~191

10. 잭 트라우트(2008). 이수정. 『마케팅 불변의 법칙』. 비즈니스맵. p50~59

11. 김훈철(2006). 『마케팅 천재를 만드는 작은 책』. 다산 북스. p62~64

12. 이정훈(2009). 『10억의 세일즈 강의』. 리더북스. p151~152

13. 존메디나(2009). 서영조. 『브레인 룰스』. 프런티어. p28

14. 존 핀엘(2001). 조신웅. 『신비한 인간 뇌 해부도 입문』. 학지사. p17

15. 아힘 페터스(2013). 전대호. 『이기적인뇌』. 에코리브르. p23~32

16. 이필준(2020). 『다섯가지 기본의 힘』. 더메이커. p208

◆ 제2편

● 1장 연결 지능
　01. 유홍준(2011). 『나의 문화유산 답사기』. 창비. p5~7(서문)
　02. 잭 트라우트(2006). 안진환. 『포지셔닝』. 을유문화사. p23~24
　03. 홍성준(2005). 『차별화의 법칙』. 새로운제안. p79~81
　04. 정철(2016). 『카피책』. 허밍버드. p117
　05. 마크 솜즈(2005). 김종주. 『뇌와 내부세계』. 하나의학사. p346~348
　06. 수전 그린필드(2002). 『Brain Story_제 3부 마음의 눈』. BBC다큐
　07. 마크 솜즈(2005). 김종주. 『뇌와 내부세계』. 하나의학사. p204~207
　08. 칩 히스(2007). 안진환. 『스틱』. 웅진윙스. p77~79
　09. 원석연(2019). 『스마트시대의 미래』. 코코넛북스. p234~237
　10. 맥스웰 몰츠(2003). 신동숙. 『성공의 법칙』. 비지니스북스. p20~21

● 2장 예측 지능
　01. 박성우(2019). 『뭐든 되는 상상』. 창비교육. p6~7(여는말)
　02. 탐 스태포드(2006). 이남석. 『마인드 해킹』. 황금부엉이. p308~310
　03. 리타 카터(2007). 양영철. 『맵핑 마인드』. 말글빛냄. p250~251
　04. 신병철(2004). 『쉽고 강한 브랜드 전략』. 살림. p136~137
　05. 조엘 베커맨(2015). 구세희. 『소리로 팔아라』. 한빛 비즈. p55~58, p85~86
　06. 바바라 민토(2005). 이진원. 『논리적 글쓰기』. 더난출판. p160~161
　07. 전옥표(2008). 『동사형 인간』. 위즈덤하우스. p96~99

● 3장 차별화 지능
　01. 제러미 블랙(2019). 이정민. 『인류의 역사』. 매일경제신문사. p8~10
　02. 잭 트라우트(2012). 이정은. 『차별화마케팅』. 더난출판사. p43~44
　03. 홍성준(2005). 『차별화의 법칙』. 새로운제안. p34~36
　04. 아이뉴턴 편집부(2009). 『뉴턴, 뇌와 마음의 구조』. 아이뉴턴. p128~129
　05. 조지프 르두(2005). 강봉균. 『시냅스와 자아』. 동녘사이언스. p119~120p
　06. 수전 그린필드(2002). 『Brain Story_제 3부 마음의 눈』. BBC다큐
　07. 장문정(2013). 『팔지 마라, 사게 하라』. 샘앤파커스. p42~43
　08. 잭 트라우트(2006). 안진환. 『포지셔닝』. 을유문화사. p84~86

● 4장 함축 지능
　01. 정상수(2014). 『한 단어 프레젠테이션』. 커뮤니케이션북스. p8~9
　02. 잭 트라우트(2006). 안진환. 『포지셔닝』. 을유문화사. p25~28

03. 우석진(2015). 『나의 발표는 에스프레소처럼』. 샌들코어. p188~189
04. 조지프 르두(2005). 강봉균. 『시냅스와 자아』. 동녘사이언스. p83
05. 제프 호킨스(2010). 이한음. 『생각하는 뇌. 생각하는 기계』. 멘토르출판사. p184~186
06. 박문호(2008). 『뇌, 생각의 출현』. 휴머니스트. p113~116
07. 칩 히스(2007). 안진환. 『스틱』. 웅진윙스. p142~147
08. 나승연(2012). 『나승연의 프레젠테이션』. 21세기북스. p122~126

● 5장 관계 지능
01. 제러미 리프킨(2010). 이경남. 『공감의 시대』. 민음사. p54
02. 유발 하라리(2015). 조현욱. 『사피엔스』. 김영사. p50~53, 64~65
03. 크리스티안 케이서스(2018). 고은미. 『인간은 어떻게 서로를 공감하는가?』. 바다. p14~17
04. 대니얼 골먼(2006). 장석훈. 『SQ 사회지능』. 웅진지식하우스. p69~74
05. 정성욱(2008. 8.11.). 다큐프라임. "인간의 두 얼굴_상황의 힘". EBS.
06. 마크 그라노베터(2012). 유홍준. 『일자리 구하기』. 아카넷. p90~91
07. 로빈 던바(2018). 김정희. 『던바의 수』. 아르테. p40~44
08. 리드 호프먼(2015). 차백만. 『연결하는 인간』. 알에이치코리아. p155~162
09. 앨버트 라슬로 바라바시(2019). 홍지수. 『성공의 공식 포뮬러』. 한국경제신문. p60~62
10. 앨버트 라슬로 바라바시(2002). 강병남. 『링크』. 동아시아. p103~113
11. 배명숙(2016). 『인간 플랫폼의 시대(전자책)』. 스노우폭스북스. p129~132
12. 장승규(2008). 『한국의 영업왕 열전』. 살림Biz. p241~251
13. 이민규(2009). 『끌리는 사람은 1%가 다르다』. 더난출판사. p55~56
14. 제프 호킨스(2010). 이한음. 『생각하는 뇌. 생각하는 기계』. 멘토르출판사. p109
15. 최인호(2009). 『(청소년) 상도 1(천하제일의 장사꾼)』. 여백미디어. p67

● 6장 보호 지능
01. 빌조지(2019). 장원철. 『최고는 무엇이 다른가?』. 스몰빅라이프. p205~206
02. 최철규(2016). 『협상의 신』. 한국경제신문사. p22~24
03. 최인호(2009). 『(청소년) 상도 2(폭풍 전야)』. 여백미디어. p50~88
04. 배정원(2020.02.20.). "버핏의 숨은 제갈량. 침묵 깼다". 중앙일보. (https://news.joins.com/article/23710676)
05. 테라오 겐(2019). 『가자. 어디에도 없었던 방법으로』. 아르테. p229~247, p288~289